Michael Mary

## Change-Management als Chance

Wandel ist die einzige Konstante

Michael Mary

# Change-Management als Chance

Wandel ist die einzige Konstante

Orell Füssli Verlag

© Orell Füssli Verlag, Zürich 1996

Umschlagbild: Robert Burger (Incolor)
Druck und Einband: Freiburger Graphische Betriebe GmbH, Freiburg i. Brsg.
Printed in Germany

ISBN 3-280-02356-4

Die Deutsche Bibliothek – CIP-Einheitsaufnahme
**Mary, Michael:** Change-Management: Wandel ist die einzige Konstante / Michael Mary. –
Zürich: Orell Füssli. 1996
ISBN 3-280-02356-4

# Inhaltsverzeichnis

Vorwort .................................................... 6
Einleitung ................................................ 10

Situative contra prozeßhafte Wahrnehmung ................. 13
Ganzheitlich wahrnehmen .................................. 20
Kontext – die Verarbeitung von Information ............... 28
Kontext macht Sinn ....................................... 31
Überzeugung, Glaube, Paradigma ........................... 34
Realität gestalten und erschaffen ........................ 39
Die Dynamik der Veränderung .............................. 50
Die Angst vor Veränderung ................................ 54
Störungen der Identifikation ............................. 57
Schwellen der Veränderung ................................ 65
Sich verändern oder untergehen ........................... 70
Prozeßmanagement contra Situationsmanagement ............. 74
Die Anwendung des Kontext-Modells ........................ 79
KÜVE – Wo heraus wollen wir gestalten? ................... 86
Haltungen ................................................ 89
Offenheit ................................................ 98
Wachheit ................................................ 102
Lebendigkeit ............................................ 104
Prozeßgerechte Arbeitsstrukturen ........................ 108
Veränderungen prozeßhaft einleiten ...................... 120
Prozeßhafter Umgang mit Mitarbeitern .................... 131
Koordination contra Führung ............................. 134
Aspekte der Motivation .................................. 143
Der Mitarbeiter als Reaktion ............................ 149
Prozesse in Gruppen ..................................... 157
Konfliktfähigkeit – die Begegnung von Rollen ............ 162
Auf funktionierende Beziehungen hinarbeiten ............. 165
Prozesse begleiten ...................................... 168

Schlussworte ............................................ 170
Literaturverzeichnis .................................... 171
Der Autor ............................................... 173

# Vorwort

Managementliteratur befaßt sich meist mit den konkreten Problemen oder Situationen der Arbeitswelt, versucht Antwort auf Fragen wie «Was tun, um ...?» zu finden und Ratschläge zu bestimmten Themen und Hilfen zur Entscheidungsfindung zu geben.

Ich glaube, daß von außerhalb des Unternehmens kommende Ratschläge und Konzepte von relativ begrenztem Wert für die Firmen sind. Denn Konzepte sagen zwar, was verändert werden soll, geben aber kaum Antwort darauf, wie und durch wen das in diesem ganz konkreten Unternehmen geschehen kann – und jedes Unternehmen funktioniert anders.

Im Grunde sind Unternehmen gar nicht so sehr auf Konzepte von außen angewiesen, denn jede Organisation weiß selbst, wie sie sich verändern muß. Der IBM-Chef Gerstner bringt dies in einem «Spiegel»-Interview auf den Punkt.

*«Wenn ich in die IBM-Akten schaue, und ich bin bis 1980 zurückgegangen, finde ich brillante Branchenanalysen. Die Mitarbeiter haben ganz genau gesehen, wie sich die Branche, die Technik und die Bedürfnisse der Kunden entwickeln. Sie haben den Siegeszug des Personalcomputers vorausgesagt und die dramatischen Leistungssteigerungen bei den Mikroprozessoren ... all die klugen Erkenntnisse wurden nicht schnell genug umgesetzt.»*

Das Unternehmen kennt die Richtung, in die es sich verändern müßte. Allerdings steht dieses Wissen nicht direkt zur Verfügung, weil es vorwiegend «unbewusst» vorhanden ist. Will sich ein Unternehmen Veränderungen nicht aufzwingen, was oft genug zum Scheitern verurteilt ist, sondern sich organisch verändern, sollte es dieses in ihm vorhandene Veränderungspotential nutzen. Voraussetzung dafür ist das Wissen darüber, wie das geschehen kann.

**Der Schwerpunkt dieses Buches liegt daher nicht auf dem *Was*, sondern dem *Wo heraus*, dem *Wie* und dem *Wer* von Handlungen und Entscheidungen.**

Die Leser werden also keine schnellen Tricks und keine Rezepte zur Nachahmung finden, denn es geht vor allem um die Haltungen, die Menschen und die von ihnen gebildeten Organisationen einnehmen und durch die sie ihre Wirklichkeit gestalten. Es ist immer die Haltung, die über Erfolg oder Mißerfolg entscheidet.

Jon Simpson, Manager einer Firma, die eine geradezu atemberaubende Geschwindigkeit bei der Ausführung von Kundenaufträgen entwickelte, sagt dazu:

*«Was den ganzen Unterschied ausmachte, war die neue Einstellung.»*[1]

Es war nicht die «richtige Methode», der «richtige Mann in der richtigen Position», das «ausgeklügelte Konzept», der «geniale Einfall» oder die «ausgereifte Strategie» – es war vor allem anderen die neue Einstellung/Haltung der am Prozeß beteiligten Manager und Mitarbeiter, die zum Erfolg führte. Aus der richtigen Haltung und Einstellung heraus wählen die Menschen die richtigen Konzepte und Strategien. Der Mensch, sein Potential und seine Bedürfnisse werden in den meisten Unternehmen trotz aller Bemühungen der letzten Jahre noch immer unterbewertet. Ein amerikanischer Forscher sieht im Menschen den entscheidenden Faktor.

*«Ausschlaggebend für den Wohlstand und die Wettbewerbskraft eines Landes» sei aber der Grad an Vertrauen, «der in der jeweiligen Gesellschaft herrscht.»*[2]

Meiner Erfahrung nach kommt die Diskussion und Reflektion von Haltungen und den hinter ihnen stehenden Überzeugungen in der Unternehmensführung nicht nur zu kurz, sie kommt praktisch kaum vor. Viele Manager wollen Unternehmen oder Situationen verändern, aber nicht ihr eigenes Denken. Sie wollen den Mitarbeiter verändern, aber nicht ihre Einstellung zu ihm. Sie wollen bessere Ergebnisse erzielen, aber ihr gewohntes Führungsverhalten beibehalten.

Einstellungen, Haltungen, die Fähigkeiten differenzierten Wahrnehmens, Reflektierens und Erkennens, also der ganze Bereich der Metafähigkeiten, sind zentrale Themen des Managements der Zukunft. Warum? Weil sich alles immer schneller verändert und wir dringender als zuvor Bewußtheit über diese Prozesse brauchen. Nur wer in der Lage ist, sich selbst schneller zu verändern, wird mit den sich wandelnden Bedingungen der Wirtschaftswelt Schritt halten können.

In meiner Darstellung von Prozeßmanagement spielen zwei moderne Begriffe eine zentrale Rolle: der Begriff des Prozesses und der Begriff des Kontextes. Beide werden in diesem Buch in einer spezifischen Art und Weise gehandhabt. Richtig verstanden entwickeln sie sich zu wirkungsvollen Instrumenten des Prozeßmanagements – zu Werkzeugen geistiger Erneuerung in Zeiten permanenten Wandels.

Die Beispiele und Zitate des Buches habe ich zum Teil aus eigener Erfahrung mit Coaching und Prozeßbegleitung, teils aus Büchern und Zeitschriften entnommen. Drei Bücher haben dabei eine besondere Rolle gespielt:

- Richard Semlers «Das Semco-System», weil dieser Unternehmer zeigt, was über unsere begrenzten Vorstellungen hinaus veränderbar ist. Die Begrenztheit unseres Vorstellungsvermögens ist eines der größten Hindernisse auf dem Weg der Veränderung.
- Tom Peters' «Jenseits der Hierarchien», weil er darin eine Fülle von Unternehmen schildert, die zum Teil erste, zum Teil große Schritte auf dem Weg eines zukünftigen Prozeßmanagements gemacht haben.
- Robert Watermanns «Auf der Suche nach neuen Spitzenleistungen», weil er den Prozeßgedanken, wenn auch in anderen Worten, unterstützt.

Prozeßmanagement und die Handhabung von Wandel stellt den Manager vor neue Herausforderungen.

*«Z.B. erfordert die Bewältigung eines tiefgreifenden Wandels eine Reihe von Aktionen, die normalen Managementansätzen diametral entgegengesetzt sind.»[3]*

Der Manager der Zukunft leitet nicht einfach Unternehmen, er managt Prozesse. Wir stehen nicht mehr auf festem Boden oder auf Felsen, wir schwimmen in einem Meer von Einflüssen und Bewegungen. Wir leben nicht mehr in Situationen, wir leben in Entwicklungen. Vielleicht wird in naher Zukunft der Begriff Veränderung so normal sein, wie es heute die Sehnsucht nach Stabilität ist.

# Einleitung

Ich habe mich schon immer für Veränderung interessiert. Dieses Thema ist seit 18 Jahren Schwerpunkt meiner Tätigkeit im Bereich der Persönlichkeitsentwicklung und meiner Aktivitäten im Management.

Die wichtigste Erkenntnis aus dieser Zeit und dieser Arbeit könnte ich in einem Satz etwa folgendermaßen zusammenfassen: *«Wir haben keine Wahl – Veränderung ist unausweichlich. Sie geschieht unabhängig davon, ob wir sie wollen oder nicht.»*

Das mag fast selbstverständlich klingen, aber wer damit befaßt ist, Menschen und Organisationen durch Veränderungen zu begleiten, weiß um die teilweise immensen Schwierigkeiten solcher Wandlungen.

Veränderungen geschehen selten reibungslos und werden meist problematisch oder bedrohlich erlebt. Mitunter wehren wir uns heftig dagegen und wollen sie um jeden Preis verhindern. Wir zappeln, wir zaudern, wir zögern – aber am Ende bleiben sie uns doch nicht erspart. Veränderungen sind zwingend im wahrsten Sinn des Wortes.

Aber wir sind diesem Zwang nicht hilflos ausgesetzt. Statt gegen Veränderung zu kämpfen, können wir mit ihr mitgehen und sie unterstützen. Dann halten wir Reibungsverluste gering und profitieren von den Chancen, die sich aus neuen Entwicklungen ergeben.

Wie also können wir die Veränderung von Organisationen und den Menschen, die darin arbeiten, unterstützen, beschleunigen und nutzen? Antworten darauf ergeben sich aus den drei zentralen Abschnitten dieses Buches, die ich zu Beginn kurz darstellen möchte.

## Wo heraus? – Wahrnehmung und Gestaltung von Realität

Nichts ist wirklich, wie es zu sein scheint. Und doch können wir den Schein für Wirklichkeit halten und auf der Grundlage dieser falschen Wahrnehmung eine ganz bestimmte Realität erschaffen.

In diesem Teil des Buches geht es um die Unterschiede zwischen situativer und prozeßhafter Wahrnehmung und um die Gestaltung und das Erleben von Realität – natürlich insbesondere der wirtschaftlichen Realität.

## Wie? – Prozesse und die Dynamik der Veränderung

Nichts bleibt, wie es zu sein schien. Die moderne Physik sagt, daß selbst Atome nicht fest sind, sondern ständig Form und Zustand ändern. Alles fließt und wandelt sich.

Dieser Teil des Buches befaßt sich damit, wie Veränderungen in Organisationen geschehen, wie das Unternehmen Entwicklungen erkennen und in Einklang mit diesen Prozessen geraten kann und wie prozeßgerechte Arbeitsstrukturen aussehen.

## Wer? – Über den prozeßhaften Umgang mit Menschen

Zu wissen, wo heraus und wie man Veränderungen einleitet und steuert, ist Voraussetzung für Prozeßmanagement. Aber das allein genügt nicht, es muß jemand da sein, der die notwendige Veränderung umsetzen kann. *Wer* soll es tun?

Der Manager selbst, indem er sich verändert und prozeßgerechten Umgang mit seinen Mitarbeitern praktiziert.

# Situative contra prozeßhafte Wahrnehmung

Veränderung ist immer Veränderung der Wirklichkeit. Welche Wirklichkeit aber sollen wir verändern, wenn diese von Menschen sehr verschieden wahrgenommen wird?

Stellen Sie sich vor, an einer Expedition ins All teilzunehmen. Sie starten Ihr Raumschiff im Jahre 1996 und fliegen ein Jahr durch Raum und Zeit. Da Sie mit Lichtgeschwindigkeit reisen, sind zum Zeitpunkt Ihrer Rückkehr auf die Erde dort bereits 50 Jahre vergangen. Sie landen also im Jahre 2046 und erleben einen Anpassungsschock, denn Sie haben eine konkrete Situation verlassen und kehren in eine völlig veränderte Situation zurück.

Stellen Sie sich nun vor, die gleiche Reise im Jahre 2000 v. C. angetreten zu haben. Ihre Rückkehr liegt bei 1950 v. C., und Sie durchleben keinerlei Anpassungsschwierigkeiten, denn zwischen den Situationen *Aufbruch* und *Rückkehr* lag zwar jeweils der gleiche Zeitraum, nämlich fünfzig Jahre, aber der Prozeß innerhalb dieses Zeitraums entwickelte sich mit unterschiedlicher Geschwindigkeit.

Früher verliefen Entwicklungen langsam, heute rasen sie geradezu – in allen Bereichen. Wer beispielsweise in der Entwicklung eines elektronischen Produktes einen Vorsprung von nur einem Jahr gewinnt, hat den Markt.

Diesen ganz schnellen Entwicklungen sind wir erst seit 10, 20 oder 30 Jahren ausgesetzt. Die Frage lautet nun, ob wir an die wachsende Geschwindigkeit und Komplexität sich vollziehender Veränderungen angepaßt sind. Können wir mit dem Tempo des Wandels Schritt halten? Verfügen wir über die analytischen Fähigkeiten, um Veränderungen frühzeitig zu erkennen? Besitzen wir praktische Methoden, Veränderungen zu unterstützen? Verfügen wir über eine ausgeprägte Prozeßwahrnehmung?

Oder verhalten wir uns, als wäre die Situation die gleiche geblieben, die wir als Bild mit ins Weltall nahmen? Ich glaube, daß sich echte Prozeßwahrnehmung und der Umgang mit schnellen Veränderungen erst allmählich entwickeln. Im Jahre X der Vergangenheit genügte es, Situationen wahrzunehmen; und wir haben uns viele tausend Jahre lang auf die situative Wahrnehmung verlassen können. Heute sind wir auf schnelle, bewegliche und vielfältige Wahrnehmung angewiesen und auf eine *Lust an der Veränderung*. Diese Form der wandelbaren Wahrnehmung bezeichne ich im folgenden als Prozeßwahrnehmung, der ich die situative Wahrnehmung gegenüberstelle.

Als 1991 immer mehr Menschen in der Türkei Urlaub machten, reagierten die Hotelbesitzer dort situativ. Sie bauten Tausende von Hotels, die schon zwei Jahre später – aufgrund rasanter Entwicklungen in Europa – wieder leer standen. Dieses Beispiel zeigt die Begrenztheit situativer Wahrnehmung und unser Angewiesensein auf die Wahrnehmung ganzheitlicher Entwicklungen.

Schauen wir uns in der europäischen Wirtschaft um, können wir nur zu dem Schluß kommen, zahlreiche Unternehmen und ihre Manager hätten sich in den letzten fünfzehn Jahren tatsächlich auf einer Reise ins Weltall befunden und würden gerade erst zurückkehren. Mit einem Mal realisieren sie Veränderungen, die sich für lange Zeit ihrer Aufmerksamkeit entzogen, reiben sich die Augen und geraten in hektische Betriebsamkeit. Sie haben in einer Situation mit Namen *Aufschwung* gelebt und dabei den Prozeß *Veränderung* aus den Augen verloren.

Wir verfügen über eine rudimentäre Prozeßwahrnehmung; und obwohl wir ständig an Prozessen beteiligt sind, halten wir an situativer Wahrnehmung fest.

Wenn die Bundesregierung ihren Zustandsbericht zum Baumsterben veröffentlicht, spricht sie von «der Situation» des deutschen Waldes. Es gibt keine *Situation* des Waldes, es gibt nur einen *Prozeß* des Waldes. In dem Augenblick, da das Papier bedruckt wird, sind die Zahlen darauf schon überholt. Die Situation *Wald* existiert bloß in der Vorstellung der Forscher und Spaziergänger, die sich ab und zu ein Situationsbild machen und zufrieden sind, solange die Bäume auf ihren Bildern noch aufrechtstehen. Im Inneren der Bäume jedoch vollzieht sich der fast unsichtbare Veränderungsprozeß. Eines Tages werden wir auf ein neues Bild sehen und feststellen, daß der Wald plötzlich umgestürzt ist. War es wirklich plötzlich? Nein, es war ein langdauernder Prozeß, dessen Bedeutung sich allerdings rein situativer Wahrnehmung entzog.

In solchen Fällen – sie geschehen täglich – sagen wir Dinge wie «Das habe ich nicht kommen sehen», «Das war nicht vorauszusehen» oder «Das Ausmaß der Entwicklung blieb uns verborgen». Sicherlich ist das wahr. Allerdings liegt es einzig daran, daß wir situativ denken, fühlen und leider auch meist situativ handeln. Wir sind ziemlich ungeübt darin, Entwicklungen zu erfassen und komplexe Bewegungen, Zusammenhänge und Vorgänge zu begreifen.

Genau betrachtet gibt es so etwas wie *Situationen* also nicht, sondern lediglich Prozesse. Nehmen wir zur Erläuterung einen Streit zwischen Eheleuten.

*Er* sagt etwas Häßliches wie «Du bist nur an meinem Geld interessiert.» Daraufhin ist sie verletzt und denkt an Trennung. Jetzt machen wir ein Bild. Das Bild zeigt einen ärgerlichen Mann und eine verletzte Frau in großer Distanz voneinander. Zeigen Sie das Bild herum, werden viele Menschen sagen: «Die beiden sollten auseinandergehen.»

Da sagt *er:* «Es tut mir leid, ich bin einfach überarbeitet.» Zugleich seufzt er und faßt seine Partnerin zärtlich an. Jetzt reagiert sie mit Verständnis und lächelt. Machen wir nun ein neues Bild. Dieses Bild zeigt einen Mann und eine Frau in Nähe und Zuwendung. Die Leute werden sagen: «Welch ein schönes Paar.»

Nur Augenblicke liegen zwischen diesen Situationen, und doch sind sie völlig verschieden. Wie würde ein situativ wahrnehmender Mensch reagieren, wie aufgrund des ersten oder zweiten Bildes handeln? Und welche Reaktion würde im Vergleich dazu ein am Prozeß orientierter Mensch zeigen? Wozu würde ein Eheberater den Partnern raten, der nach *der Situation der Beziehung* fragt, und wozu ein Prozeßbegleiter, der nach *dem Prozeß der Beziehung* forscht? Eine weitere interessante Frage lautet: Wie wird der Prozeß dieser Beziehung weitergehen?

Betrachten wir einige Prozesse in der Wirtschaft. Große Computerfirmen wie IBM oder Compaq haben in den letzten Jahren gewaltige Anteile am deutschen PC-Markt an kleine Unternehmen wie Vobis, Escom oder Computer 2000 verloren.

Wenn IBM einen PC plant und kalkuliert, handelt das Unternehmen beispielsweise aufgrund der Situation Juni 1994, während der Verkauf in der Situation Januar 1995 beginnt. Computer 2000 dagegen braucht von der Planung bis zum Markt nur acht Wochen. Den Vorteil aus der Preisdifferenz beim Materialeinkauf zwischen Juni und Dezember gibt das kleine Unternehmen an den Kunden weiter, wodurch seine PCs billiger und aktueller in ihrer Architektur sind und besser verkauft werden.

Alle beteiligten Firmen sind bei ihren Entscheidungen auf Situationen angewiesen. Der Unterschied besteht darin, wie nah ihre Entscheidungssituationen am wirtschaftlichen Prozeß liegen, von dem Teilprozesse *Veränderung der Materialkosten*, *Veränderung der Computerarchitektur* usw. lauten. Das bedeutet gleichzeitig, daß IBM und Compaq im Vergleich zu den kleinen Firmen über eine weniger ausgeprägte Prozeßwahrnehmung oder weniger effektive Methoden, mit Prozessen umzugehen, verfügen.

Andere Prozesse, denen Unternehmen laufend ausgesetzt sind, lauten: *Veränderung der Kundenwünsche* oder *Veränderung der Wirtschafts- und Handelsstrukturen* oder *Veränderung der Bedürfnisse unserer Mitarbeiter*.

**Prozesse lauten grundsätzlich und immer *Veränderung von*...**

Es gibt keinen Stillstand. Es gibt nur Veränderung, ständigen Wandel, unentwegte Entwicklung. Realität ist prozeßhaft, lediglich unsere Wahrnehmung ist situativ begrenzt. Wir machen Bilder, prägen sie uns ein, betrachten sie als *Realität* und legen sie unseren Entscheidungen zugrunde. Doch bis eine Entscheidung greift, kann sich vieles oder alles verändert haben. Wir glauben, Zeit zu haben, doch der Prozeß geht weiter.

Vor kurzem hatte ich in der Personalentwicklung einer großen deutschen Holding, zu der etwa 45 Firmen gehören, ein Gespräch. Man sagte dort:

«*Wir sind uns klar darüber, daß wir etwas tun müssen. Aber die Situation ist folgende: Etwa 40 Prozent unserer Geschäftsführer werden in den nächsten Jahren in den Ruhestand gehen. Vorher lohnt es sich einfach nicht, neue Dinge anzufangen.*»

Dies ist ein typisches Beispiel situativ begrenzter Wahrnehmung. In den «wenigen» Jahren, die vergehen, bleiben die Firmen der Holding stehen oder bewegen sich kaum, doch der sie umgebende Prozeß wird sich davon nicht beeindrucken lassen – er läuft weiter. Was werden die

Auswirkungen dieser situativen Haltung sein? Welchen Wettbewerbsvorsprung werden andere, prozeßorientierte Unternehmen in dieser Zeit erreichen?

In einem anderen Unternehmen wurde versucht, Teamarbeit einzuführen. Doch mit den nötigen Veränderungen der innerbetrieblichen Vorschriften, die wichtige Rahmenbedingungen darstellen, wollte man «noch ein Jahr warten, bis der alte Vorstand im Ruhestand ist». Natürlich führte diese Entscheidung den Teamgedanken ad absurdum und darüber hinaus zu einer Distanzierung der Mitarbeiter gegenüber der Gruppenarbeit. Was werden, neben Demotivation, die weiteren Folgen dieser Verschiebung von «nur» einem Jahr sein?

Meiner Meinung nach wird in den nächsten Jahren das Schicksal vieler Unternehmen dadurch entscheidend beeinflußt werden, ob sie situativ oder prozeßhaft orientiert sind.

Sicher waren die Menschen der vergangenen Jahrhunderte nicht so sehr auf Prozeßwahrnehmung angewiesen, wie wir es heute sind. In der Vergangenheit war situative Wahrnehmung von wenig Risiken begleitet. Was machte es aus, ob ein neuer Toaster 1920 oder 1921 auf den Markt kam? Das Vorhandensein von Zeit ermöglichte lineares Denken und Produzieren. Heute haben Unternehmen die parallele Produktion entdeckt. Kunden, Planer, Forscher – alle kommen von Anfang an zusammen und steuern die Abläufe gemeinsam. Das ist ein ganzheitlicher Ansatz, in dem Prozeßdenken deutlich wird.

Die Fähigkeit, Prozesse wahrzunehmen und zu erkennen und mit diesen Entwicklungen mitzugehen, gewinnt ständig an Bedeutung; und gerade Manager sollten darin geschult sein. Ein grundsätzliches Dilemma besteht allerdings darin, daß wir Prozesse und ihre Bewegungen nur relativ schwer erfassen können. Es fällt uns viel leichter, in Bildern und Situationen zu denken. Doch gibt es einen Trick.

Wenn viele Bilder mit hoher Geschwindigkeit hintereinander ablaufen, verschwindet das einzelne Bild, und die Illusion von Bewegung entsteht. Auf diese Weise werden Filme gemacht. 24 Bilder pro Sekunde machen aus starren Situationen einen sichtbaren Bewegungsablauf. In dieser Bewegung offenbart sich ein Prozeß. Das funktioniert allerdings nur, wenn jedes Bild eine Veränderung zum vorhergehenden Bild aufweist. Diese Veränderung ist zwar jeweils nur gering, aber ohne sie bliebe das Bild unbewegt stehen.

Um aus Bildern Filme zu machen, braucht man also zum einen Geschwindigkeit und zum anderen die Fähigkeit, auch kleine Veränderungen wahrzunehmen. Wieder taucht der Begriff der Veränderung auf, der im Prozeßdenken eine zentrale Rolle spielt.

**Die Wahrnehmung von und der Glaube an Veränderung sowie die Realisation ihrer konkreten Notwendigkeit und schließlich ihre direkte Unterstützung im Handeln ist das Wesen der Prozeßwahrnehmung.**

Das ist doch wieder selbstverständlich, mögen manche Leser sagen. Theoretisch sicherlich. Doch in der Praxis werden selbst kleine Veränderungen oft zurückhaltend aufgenommen, oder es wird versucht, sie zu verhindern.

Stellen Sie sich vor, Sie sind in den letzten fünf Jahren einmal wöchentlich mit Ihrem Lebenspartner spazierengegangen. Ein schönes und vertrautes Ritual. Mit einem Mal will der andere nicht mehr spazierengehen. Sie reagieren verunsichert und fragen «Was ist los? Was ist passiert? Was soll das bedeuten?» Nicht anders reagieren Menschen im Unternehmen auf Veränderungen.

Vor einiger Zeit führte ich im Wochenabstand Trainings für eine Firma durch. Jeder Teilnehmer erhielt ein Manuskript. Ein Manager bemerkte, daß sich das Manuskript in der dritten Woche verändert hatte.

*«Die Gruppe vor uns hatte ein anderes Manuskript. Warum haben Sie es geändert?»*

*«Ich habe in der Zwischenzeit etwas dazugelernt.»*

*«Aber dann ist es ja nicht mehr das gleiche, das die Gruppe davor hatte.»*

*«Ja, sicher, und?»*

Wir leben in Prozessen, aber wir denken, fühlen und handeln relativ starr. Wenn ich aufzähle, was zumeist nicht mit den Prozessen identisch ist, an denen wir beteiligt sind, wird die Tragweite prozeßhafter Wahrnehmung deutlich:

- Vorstellungen
- Erwartungen
- Einschätzungen
- Prognosen
- Erfahrungen
- Erinnerungen
- Phantasien und Wunschträume

All das und einiges mehr beruht auf statisch/situativen Eindrücken. Alles, was darüber hinaus und zwischendurch tatsächlich geschieht, weist hingegen auf gerade ablaufende Prozesse hin.

# Ganzheitlich wahrnehmen

Prozesse zeigen sich nicht in dem, was wir wollen, was wir uns vorstellen, was wir uns wünschen oder, von dem wir meinen, es wäre so.

**Ein Prozeß zeigt sich in allem, was tatsächlich ist – wir brauchen es «nur» wahrzunehmen.**

Bilder und Situationen sind unvollständig und berücksichtigen lediglich räumlich und zeitlich begrenzte Ausschnitte der jeweiligen Prozeßrealität. Sie enthalten meist nur diejenigen Informationen, die uns annehmbar erscheinen oder mit denen wir umgehen können, während andere, unangenehme oder lästige Informationen, ausgefiltert werden und dann bei der Entscheidungsfindung keine Rolle mehr spielen.

Als Mercedes die neue S-Klasse plante, entwarfen die Ingenieure ein Fahrzeug, in dem die Entwicklung der vorangegangen Jahre fortgeführt wurde. «Größer – luxuriöser – stärker» entsprach Vorstellung und jahrelanger situativer Einschätzung der Verantwortlichen. Prozeßinformationen, die beispielsweise Umweltaspekte und Kundenwünsche beinhalteten, wurden nicht beachtet. Der Kundenprozeß wurde erst realisiert, als zuwenig Fahrzeuge verkauft wurden – und damit kam der Schock des Erwachens. Sicher sind Mercedes-Manager nicht dumm, sie waren eben «nur» starr. Sonst hätten sie alle zur Verfügung stehenden Informationen gewürdigt, und es wird wahrscheinlich niemand behaupten, die später als relevant erkannten Informationen wären nicht schon früher zugänglich gewesen. Aber was nützen die besten Informationen, wenn sie keine Beachtung finden?

Ein weiteres Beispiel für situative Orientierung ist der Umgang mit Prognosen. Die meisten Prognosen sind Fortschreibungen oder Additionen von gegenwärtigen Situationen oder vergangenen Entwicklungen und deshalb für die Zukunft kaum zu gebrauchen.

*«Auch wenn die Ergebnisse von Prognosen meist sehr dürftig sind, arbeiten die Firmen weiterhin auf dieser Grundlage, als könnte die Prognose Wirklichkeit werden.»*[4]

So wagen sich die großen Autohersteller immer noch nicht konsequent an ein Umweltauto, das diesen Namen verdient. Sie verlassen sich dabei auch auf Prognosen, die sich als ebenso falsch erweisen werden wie diejenigen Prognosen, mit denen sie ihre jahrelange Reserviertheit gegenüber Katalysator und Airbag rechtfertigten. Auch hier überlagern Überzeugungen der Manager, die aufgrund situativer Wahrnehmung entstehen, die Wahrnehmungsmöglichkeiten für das, was ist – beispielsweise das bereits stark veränderte Umweltbewußtsein der Kunden.

*Wahrzunehmen, was ist,* mag einfach klingen, ist es aber nicht, denn es gilt, alle Einflüsse zu berücksichtigen. Das Wort Einfluß ist interessant. Es sagt, daß die Dinge sich bewegen und ineinander ein-fließen. Gerade haben wir uns ein Bild gemacht, da fließt schon wieder etwas Neues hinein und will das Bild verändern. Wir mögen starr sein, unser Bild einer Situation mag unverändert bleiben, der Prozeß selbst bleibt es mit Sicherheit nicht. Der Prozeß bewegt sich unabhängig von uns weiter.

Vielleicht ist das einer der Gründe, warum uns Prozeßwahrnehmung so schwerfällt – sie würde unsere schönen Bilder und Vorstellungen ein ums andere Mal in Frage stellen oder zerstören. Das auszuhalten würde ein bisher ungewohntes Maß an Flexibilität erfordern, beispielsweise die Fähigkeit, Meinungen aufzugeben, Verhalten zu verändern und öfter neue Perspektiven einzunehmen. Der Vorteil bestände in einer ganzheitlicheren Wahrnehmung.

Die Realität ist vollständiger als unsere Wahrnehmung von ihr – und da sich jeder Prozeß gegenwärtig und nicht in der Zukunft vollzieht, muß die gesamte Prozeßinformation auch jederzeit gegenwärtig sein. Wir brauchen sie also «nur» noch wahrzunehmen, um die fragmentierte, selektive, situative Wahrnehmung in eine ganzheitliche, prozeßorientierte Wahrnehmung zu verwandeln.

**Prozeßwahrnehmung ist möglichst wenig selektive und möglichst viel ganzheitliche Wahrnehmung.**

Es genügt nicht mehr, bloße Situationen zu erfassen. Wir müssen lernen, Bewegungen wahrzunehmen. Wir müssen Filme drehen, anstatt einzelne Fotos zu schießen. Ein Film gibt in jeder Sekunde weitaus mehr Informationen, als ein Bild das tun kann. Darüber hinaus können wir einen Film vor- und zurücklaufen lassen, ihn in Zeitlupe betrachten, einzelne Abschnitte als Standbild anschauen. Wir befassen uns mit vielfältigen Informationen und können demzufolge besser erkennen.

«Das ist doch selbstverständlich. Das machen wir immer schon, das ist schließlich unser Job» höre ich da manchen Manager sagen. Wenn dem so ist, warum fehlen den Unternehmen dann so viele wichtige Informationen? Warum erkennen sie Entwicklungen oftmals sehr spät oder verpassen sie? Und wie kommt ein Topmanager sonst zu folgender Erkenntnis:

*«Wer hat denn den Mitarbeitern am Band gesagt, wie sie arbeiten müssen? Wir, das Management. Wir haben ihnen vorgeschrieben, ineffizient zu arbeiten. Wir haben verlernt, sie um Rat zu fragen.»*[5]

Wer seine Mitarbeiter nicht um Rat fragt, verliert wichtige Prozeßinformationen. In der Tat klingt das natürlich und einleuchtend. Trotzdem ist dieser Gedanke vielen Managern neu, und ob sie dieser Erkenntnis auch praktische Konsequenzen folgen lassen, sei dahingestellt.

Auch wer seine Kunden nicht um Rat fragt, verliert wichtige Prozeßinformationen. Auch dies mag banal klingen. Trotzdem muß im Management, ausgehend von Erfolgen japanischer Firmen, erst eine jahrelange, aufwendige Diskussion um die Notwendigkeit größerer *Kundenorientierung* und *kundenzentrierter Produktplanung* geführt werden, bis sich diese Erkenntnis allmählich durchsetzt – von der Praxis ganz zu schweigen.

Es fällt Führungskräften aus ihrer Machtposition heraus relativ leicht, Informationen auszusortieren oder zu ignorieren. Sie glauben, von der Spitze der Pyramide aus einen kompletten Überblick über das Unternehmen und den Markt zu haben und setzen ihre situative Wahrnehmung notfalls in Machtkämpfen durch, aber tatsächlich ist ihre Distanz zu den Vorgängen in und um das Unternehmen beträchtlich – in großen wie in kleinen Dingen. Sie bekommen vieles einfach nicht mit.

Ein kleines Beispiel dazu. Ein Manager wollte seinen Mitarbeitern «etwas Gutes tun». Er bestand darauf, daß «meine Leute zur Fortbildung mal rauskommen, in ein Hotel auf dem Land». Die Mitarbeiter dagegen wollten lieber in ein Stadthotel. Trotzdem beharrte der Chef auf seiner Planung. Er glaubte tatsächlich, es besser zu wissen, was die Leute brauchen als die Menschen, die es betraf. Die Information, was die Mitarbeiter zufriedener machen würde, war verfügbar, aber sie wurde ignoriert. Das Thema der Fortbildung lautete zu allem Überfluß «Mitarbeitermotivation», und das macht die Absurdität der Situation deutlich. Wie wird sich der Prozeß der Zusammenarbeit zwischen diesem Geschäftsführer und seinen Mitarbeitern weiterentwickeln? Wie soll es ihm gelingen, seine Leute zu motivieren, wenn er nicht auf sie hört?

«Unsere Leute sind mit der Firma sehr zufrieden», teilte mir ein anderer Geschäftsführer mit.

*«Wie wissen Sie das?»*, wollte ich erfahren.

*«Ich habe sie gefragt!»*, lautete die Antwort.

Auf einem Workshop war der Mann dann erstaunt, als die Mitarbeiter, ermutigt durch meine Anwesenheit als Puffer zwischen ihrem Chef und ihnen, etliche Unzufriedenheiten äußerten. Darunter befanden sich auch für die täglichen Arbeitsabläufe wichtige Informationen.

*«Warum erfahre ich das erst jetzt?»*, fragte der Geschäftsführer erstaunt.

*«Weil Sie sonst nicht wirklich zuhören»*, lautete die offene Antwort einiger Mitarbeiter

Andere meinten, sie schwiegen aus Angst vor seiner Reaktion. Auch hier zeigt sich – die Information war da. Sie ging jedoch für Entscheidungsprozesse verloren, weil sie hinter Ignoranz oder Angst verborgen blieb. Eine offenere Kommunikation könnte hier Abhilfe schaffen und den Prozeß der Zusammenarbeit verbessern helfen.

Die Tendenz, Information, die *tatsächlich* ist, zu ignorieren, setzt sich oft durch, ohne daß wir es bemerken. Doch echte Prozeßwahrnehmung braucht die ganze Information, auch die, die außerhalb der normalen Aufmerksamkeit liegt. Der Prozeßmanager ist auf die Unterstützung aller angewiesen – der Kunden, interner und externer Mitarbeiter, der Kritiker und der Außenstehenden. Deshalb bildet sich ein Prozeßmanager nicht ein, er könne alles überblicken, denn jeder, der am Prozeß teilnimmt, hat ein Stück des gesamten Informationskuchens zur Verfügung. Das gilt auch für die mit den einfachsten Arbeiten sich befaßenden Menschen; und moderne Manager beginnen, das zu begreifen:

> *«Tu, was man dir sagt», erklärte uns Chuck Dettman, «war immer das Motto bei den Eisenbahnern, bei UPRR wie auch anderswo. Wir haben den Mitarbeitern an der Basis nie ein eigenes Denkvermögen zugetraut», fügt er fast wehmütig hinzu. «Ihr ganzes Leben lang wollten sie schon immer so etwas tun, aber wir haben sie daran gehindert.»*[6]

Auch dieses Zitat zeigt, daß benötigtes Wissen und das von Mitarbeitern gefordertes Engagement schon seit langem ganz in der Nähe, im Unternehmen selbst, vorhanden war. Warum wurde es nicht beachtet? Warum «haben wir das nicht früher bemerkt?»

Die ehrliche Antwort der Manager kann nur lauten: «Weil wir uns zu sicher waren. Weil wir von unseren eigenen Ideen zu überzeugt waren. Weil wir von unserer Vorstellung von den Dingen festhielten. Weil wir zu große Distanz hielten. Weil wir zu sehr mit uns identifiziert waren! Weil wir Prozesse, die sich unmittelbar vor unseren Augen abspielten, nicht wahrgenommen haben!»

Die letzten Beispiele zeigen, daß es auch nicht genügt, Filme zu drehen. Der Drehort ihrer Aufnahme muß ebenfalls verlegt werden – von den Vorstandsetagen und Chefzimmern in alle Bereiche des Unternehmens sowie in seine Umgebung, bis hin zu Produktionspartnern, in die Lebensbereiche der Kunden und auch in globale Zusammenhänge hinein.

Echte Prozeßmanager wissen um die Begrenztheit jeder individuellen Perspektive. Deshalb suchen sie Informationen in allen Ecken und Winkeln innerhalb und außerhalb des Unternehmens. Aber selbst damit ist nicht alles getan, denn:

**Es genügt nicht, Information zu haben, man muß sie auch verarbeiten können.**

Die weitaus meiste Prozeßinformation bleibt nicht deshalb verborgen, weil wir sie nicht wahrnehmen wollen, sondern weil wir nichts mit ihr anfangen können. Kommen wir damit im nächsten Abschnitt zu diesem überaus wichtigen Aspekt der Verarbeitung von Information – dem Begriff des Kontextes und der Gestaltung der Realität.

Ich möchte diesen wesentlichen Abschnitt des Buches, der sich mit Kontext und der Gestaltung von Realität befaßt, mit einem Erlebnis einleiten, das mir vor etlichen Jahren widerfuhr.

Ich hielt mich damals einige Tage in Bombay auf. Schon kurz nach der Ankunft war ich schockiert vom menschlichen Elend, das sich in dieser Stadt offenbarte. Meine mitgebrachte Überzeugung, Indien ist ein armes Land, wurde auf erschütternde Weise bestätigt.

Am Tag nach meiner Ankunft lieh ich mir ein Fahrrad aus. Auf dem Weg zu einer bekannten Geschäftsstraße stockte ich einen Moment, als ich im Vorbeifahren auf dem Boden einen sternförmigen Gegenstand von etwa zwei Zentimetern Durchmesser liegen sah.

Das ist ..., fuhr es mir durch den Kopf, doch widersprach augenblicklich ein anderer Gedanke. Unsinn! In dieser Stadt hungernder Menschen liegt kein ... auf der Straße. Also fuhr ich weiter.

An meinem Ziel, der besagten Geschäftsstraße angekommen, wunderte ich mich über die vielen Juweliergeschäfte, von denen sich eines ans andere reihte. Sie paßten so gar nicht zu meinem Indienbild, und es waren sicher mehr als dreißig. In fast allen Auslagen sah ich einen gelben, sternförmigen Gegenstand von etwa zwei Zentimetern Durchmesser liegen. Es handelte sich um einen traditionell geformten Anhänger aus reinem Gold.

Ich hatte also tatsächlich ein Stück Gold auf der Straße liegen sehen – und fuhr vorbei. Warum? *Weil ich es nicht erkannte.* Ich sah etwas sehr Reales und erkannte es nicht als das, was es wirklich war. Warum aber konnte ich es nicht erkennen? Weil es nicht zu den Überzeugungen und Vorstellungen paßte, die ich zu Indien entwickelt und mit in dieses Land gebracht hatte. Gold auf der Straße entsprach nicht der situativen Wahrnehmung, dem Bild, das ich mir gemacht hatte.

Dieses Erlebnis prägte sich mir ein. Nicht, weil mich der materielle Aspekt des Vorfalls schmerzte – der Anhänger war von nicht allzuhohem Wert. Vielmehr wurde mir klar, daß ich eine reale Chance hatte vorüberziehen lassen. Ich hatte das Gold, das buchstäblich vor mir auf der Straße lag, ignoriert.

Wie oft mag ich aus ähnlicher «Blindheit» gegenüber realen Informationen an Möglichkeiten, die mir das Leben bot, vorübergegangen sein, ohne sie zu erkennen? Wie war die Realität meines Lebens durch Haltungen wie diese beeinflußt? Wie würde mein Leben aussehen, hätte ich auch solche Chancen erkannt und ergriffen?

Wenn wir diese Geschichte in die Welt der Wirtschaft übertragen wollen, brauchen wir nicht lange zu suchen. Ähnliches ist beispielsweise den Managern deutscher Elektronikkonzerne geschehen, als sie vor etwa 14 Jahren den Gewinner des Wettbewerbs «Jugend forscht» für ihre Unternehmen engagieren wollten. Der Mann lehnte ihre Angebote als zu mager ab, ging in die USA und gründete dort die Firma Sun-Microelectronic. Heute beschäftigt das Unternehmen 13 000 Menschen, machte 1993 fünf Milliarden Dollar Umsatz und den beachtlichen Gewinn von 300 Millionen Dollar nach Steuern.

Welch ein Verlust für die betroffenen Unternehmen und welch ein Verlust an Arbeitsplätzen! Warum blieb der Jungmanager nicht in Deutschland? Nach seinen eigenen Worten «haben die Leute nicht begriffen, was ich wollte». Seine Vision bestand darin, Personalcomputer miteinander zu vernetzen und auf diese Weise effektive und kostengünstige Datenverarbeitung zu ermöglichen. Leider konnten die deutschen Manager diese Vision nicht nachvollziehen, der eine echte Prozeßwahrnehmung zugrunde lag, denn die Entwicklung auf dem PC-Markt ging genau in diese Richtung.

Auch diese Manager konnten das Gold nicht erkennen, das unmittelbar vor ihnen ausgebreitet wurde. Was nutzt es, Manager vom Sinn vernetzter Computer überzeugen zu wollen, wenn die Information «nicht ankommt»? Information allein ist bedeutungslos, ist nichts. Sie gewinnt erst Bedeutung, indem wir sie *deuten*. Das klingt banal, ist es aber bei weitem nicht. Welche Bedeutung geben Sie beispielsweise der Tatsache, daß:

– der Krankenstand um zwei Prozent steigt. Bedeutet das, die Menschen sind zu faul? Oder die Arbeit ist zu schwer? Oder …
– das neue Produkt wenig Zuspruch findet. Bedeutet es, mehr Werbung ist erforderlich oder das Produkt geht am Bedürfnis der Kun-

den vorbei und es wäre besser, das Geld in die Entwicklung neuer Produkte zu stecken? Oder ...
- die Fluktuation in einer Abteilung besonders hoch ist. Bedeutet es, den Leuten gefällt die Arbeit nicht oder sie leiden unter ihrem Vorgesetzten und verlassen deshalb die Firma? Oder ...

Wie auch immer Sie die Vorgänge um Sie herum deuten, es wird Ihre Reaktion bestimmen und Folgen haben. IBM hatte einmal die Chance, für nur 75 000 Dollar das Betriebssystem MS-DOS zu kaufen. Welche Bedeutung mag der damalige IBM-Chef dieser Information gegeben haben, als er sich entschloß, es nicht zu kaufen? Heute würde die Firma sicher Milliarden dafür geben, aber es ist zu spät.

Die Beispiele zeigen, zu welch unterschiedlichen Handlungen es aufgrund verschiedener Deutungen von Informationen kommen kann. Und auch, wie gravierend die Folgen dieser Handlungen sein können.

# Kontext – die Verarbeitung von Information

*Ich weiß nicht, was soll das bedeuten...* (oder doch: ich glaube, es zu wissen!)

Information allein ist nichts. Wenn wir uns beispielsweise das Foto eines Mannes und einer Frau betrachten, die im Abstand von einem Meter nebeneinander stehen und mit neutralen Gesichtern zum Betrachter schauen, enthält dieses Bild eine Vielzahl von Informationen. Die wichtigsten lauten: Ein Mann, eine Frau, Abstand, Blickrichtung, neutraler Gesichtsausdruck. Nun, was fangen wir mit dem Bild an? Wir zeigen es zwei unterschiedlichen Menschen und fragen, was sie sehen und was wir mit dem Foto machen sollen.

> A meint: *«Ich sehe ein Paar, das gerade im Trennungsprozeß ist. Ein trauriges Bild. Werfen Sie es weg.»*
> B meint: *«Ich sehe einen Mann und eine Frau, die sich näherkommen und bestimmt einmal eine Beziehung eingehen werden. Ein ermutigendes Bild. Hängen Sie es auf.»*

Wie kommen diese unterschiedlichen Bewertungen des gleichen Bildes zustande? Durch den Zusammenhang, der zwischen den Einzelinformationen hergestellt wird!

**Dieser Zusammenhang ist allerdings nicht im Bild enthalten – er wird vom Betrachter hinzugefügt. Der Betrachter stellt den Kontext her, in den er Informationen setzt. Erst dadurch bekommen sie Sinn und werden handhabbar.**

Betrachter A bringt einen Kontext von *Einsamkeit* mit, Betrachter B dagegen einen Kontext von *Bezogenheit*, und so entsteht die unterschiedliche Bewertung der Bildinformation. Gleichwohl werden beide

Betrachter davon überzeugt sein, mit ihrer Sichtweise «richtig» zu liegen. Besonders interessant ist, wie sich die beiden Betrachter aufgrund ihrer Deutung verhalten. Einer hängt das Bild auf, der andere wirft es weg.

Auch in Unternehmen werden ständig Informationen weggeworfen, denn eine Information ist nichts wert, wenn man keinen sinnvollen Kontext hat, der einem sagt, was man damit anfangen kann. So wußte der Geschäftsführer eines Unternehmens, daß etliche seiner Abteilungsleiter sehr verärgert über die Tatsache unterschiedlicher Entlohnung der gleichen Tätigkeit waren.

*«Ich kann die Leute ja verstehen. Aber vor einigen Jahren war der Personalmarkt sehr eng, und wir mußten einstellen, wen wir kriegen konnten, und das zu überhöhten Gehältern.»*
*«Warum fassen Sie das Thema nicht an?»*
*«Das ist unmöglich, das geht nicht. Das Thema Gehälter ist absolut tabu in der Firma.»*

In Wahrheit war das Thema tabu für den Geschäftsführer, nicht aber für die Abteilungsleiter, denn diese «tratschten» seit langem darüber. Auch in diesem Beispiel wieder: Die Information ist da, aber sie wird nicht genutzt. Warum nicht? Weil es den Vorstellungshorizont des Geschäftsführers überschreitet, sich damit auseinanderzusetzen. Es machte in seiner Welt einfach keinen Sinn, das Thema aufzugreifen. Verstehen Sie? Es erschien ihm sinnlos! Unvorstellbar! Undurchführbar!
Er oder seine Firma verfügten nicht über einen entsprechenden Kontext von *Offenheit* oder *Konfliktbereitschaft.* Der aber wäre nötig, um die längst fällige Auseinandersetzung zu führen. Doch niemand tut etwas, das ihm sinnlos erscheint! Da die Information nicht aufgegriffen wird, entwickelt sich der Prozeß der Unzufriedenheit nun also im verborgenen weiter. Vielleicht werden gute Leute die Firma deshalb verlassen.

**Alle Informationen werden selektiert und von Menschen oder Organisationen unterschiedlich gedeutet. Wollen wir Informationen prozeßhaft, also ganzheitlich wahrnehmen und nutzen, müssen wir begreifen, wie dieser Selektionsmechanismus funktioniert.**

Was macht Sinn? Welche Information können wir aufgreifen, welche ignorieren wir? Was sind die Folgen davon? Welche Realität entsteht dadurch? Dies sind die Themen, mit denen sich das Kapitel über Kontext befaßt.

# Kontext macht Sinn

*Was macht Sinn? Alles, was den eigenen Überzeugungen entspricht und in den eigenen Kontext paßt!*

Widmen wir uns weiter den interessanten Themen Kontext und Bedeutungsfindung. Stellen Sie sich dazu folgende Situation vor: Sie sitzen in Ihrem Wohnzimmer, und es klingelt. Sie gehen zur Tür und machen auf. Ein fremder Mann steht vor Ihnen und hält eine Pistole in der Hand. Soweit die Informationen.

Nun – was glauben Sie an diesem Punkt der Erzählung? Wie deuten Sie die Lage? Wovon sind Sie überzeugt? Will er Sie überfallen? Oder will er von Ihnen lediglich erfahren, wie seine Pistole zu reinigen ist? Was macht Sinn?

Es erscheint ziemlich unsinnig, daß ein Fremder Sie um Rat bei der Reinigung seiner Pistole bittet. Sinnvoller erschiene die Möglichkeit eines Überfalls. Sie werden wahrscheinlich glauben, «er will mich überfallen und ausrauben», und diese Überzeugung wird dann Ihre Reaktion auf den Vorfall bestimmen.

Aber bevor Sie flüchten oder den Mann niederschlagen, möchte ich die Geschichte fortführen. Als nächstes fragt der Fremde, «*Gehört die Waffe Ihnen?*», und reicht Ihnen das gefährliche Instrument.

Jetzt sind Sie verunsichert, denn Sie können die Dinge nicht gut «zusammenbringen». Die Dinge, das sind Sie selbst, die Pistole, der Fremde, sein Aussehen, seine Worte, die Tageszeit usw. All das ergibt keinen rechten Sinn. Vielleicht leuchtet Ihnen eine der folgenden Versionen ein?

A  Da steht ein Irrer vor meiner Tür, der gerade aus der Anstalt geflohen ist!
B  Es handelt sich um einen ganz besonders vertrauensseligen und arglosen Mann, der die Wahrheit sagt!
C  Jemand will mir eine heiße Waffe andrehen, um mich eines Mordes verdächtig zu machen!

Sie werden die Version glauben, die Ihnen am meisten sinnvoll erscheint. Sind Sie ein ängstlicher und mißtrauischer Mensch, werden Sie an Version C glauben, den Mann abwimmeln und die Polizei rufen. Sind Sie ein selbstsicherer Mensch, werden Sie vielleicht von Version B überzeugt sein und den Mann auf einen Kaffee einladen. Und sind Sie ein arroganter Typ, wird Ihnen nur Version A einleuchten, und Sie werden die Tür schließen. Darüber hinaus gibt es noch eine Vielzahl anderer Deutungs- und Verhaltensmöglichkeiten.

Welcher Version Sie auch folgen, der Sinn des Vorgangs «ein fremder Mann reicht mir eine Pistole» ergibt sich aus dem *persönlichen Zusammenhang*, in den Sie ihn einordnen. Im Zusammenhang mit «Ängstlichkeit» entsteht die Überzeugung «der Mann ist gefährlich». Im Zusammenhang mit Selbstsicherheit entsteht möglicherweise die Überzeugung «ein ehrlicher Mann» und aus dem Zusammenhang mit «Überheblichkeit» glauben Sie, «der ist ja total verrückt».

## Kontext schafft Be-Deutung

Wenn ich das Wort «alhlalsk» aufschreibe, begreift niemand seinen Sinn. «Was soll das?» würde jeder Mensch fragen. Zugleich beginnt sein Gehirn nach möglichen Verbindungen zu suchen. Es klingt ähnlich wie «Alaska». «Hat es etwas mit Alaska zu tun?» wäre eine Frage, die der natürlichen Sinnsuche entspricht. Beim Wort «Spargel» weiß jeder sofort, was gemeint ist. Spargel können wir in Zusammenhänge bringen, die sich aus Informationen wie Gemüse, Boden, eßbar, wird gekocht, ist dünn und lang, ist im Mai reif, schmeckt gut usw. ergeben.

Sinn macht, was wir in einen Zusammenhang einordnen können. Sinn macht, wofür wir einen Kontext zur Verfügung haben. Haben wir keinen Kontext, in den wir einen Vorgang einordnen können, leuchtet er uns nicht ein, und wir können rein gar nichts damit anfangen. Versucht ein Mensch nun, den Sinn eines Vorganges, beispielsweise den Wert einer neuen Produktidee, zu erfassen, stellt sich die Frage, ob er dafür einen entsprechenden Kontext zur Verfügung hat.

Als die Entwickler des Personalcomputers ihre Idee etablierten Unternehmen präsentierten, war das etwa so, als ob sie vorschlugen, einen «alhlalsk» zu bauen. Die Manager konnten keinen Zusammenhang zwischen den Einzelteilen:

- Mikroprozessoren -
- Bildschirme -
- Privatpersonen -
- Schreibmaschinentastaturen -
- Briefe schreiben -
- Ausdrucken -
- Software -
- Bildschirmspiele usw. -

herstellen, und deshalb erschien ihnen dies Produkt unnütz. Und weil sie es nicht begreifen konnten, kamen sie zu dem Ergebnis, keinen «alhlalsk» zu bauen. Ihre Überzeugungen lassen sich ohne weiteres nachvollziehen:
- niemand braucht so etwas, weil Privatpersonen ihre Briefe mit Schreibmaschinen schreiben;
- keiner wird Geld für etwas ausgeben, das er nicht braucht;
- wir werden das Geld unserer Aktionäre nicht für eine Spielerei verschwenden.

All das mag zutiefst ehrliche Überzeugung der Manager gewesen sein. Trotzdem läßt sich jede dieser Überzeugungen widerlegen, denn viele Menschen geben Geld für Dinge aus, die sie nicht brauchen, viele Menschen kaufen Computer, und das Geld der Aktionäre war auf der Bank schlechter aufgehoben. Auch diese Manager waren bestimmt nicht dumm. Sie hatten einfach keinen Kontext, in dem die Vorstellung «Personalcomputer» einen Sinn ergab. Deshalb lehnten sie das Produkt ab und verschliefen jahrelang eine Entwicklung, die ihre starre Überzeugung schließlich aufbrach. Das Geschäft machten derweil andere. Die jungen Erfinder gründeten mit Apple ihre eigene Firma und hatten riesigen Erfolg. Heute, knapp zwanzig Jahre später, hat der Personalcomputer die Welt verändert.

Hat etwas durch den uns zur Verfügung stehenden Kontext einen Sinn bekommen, bilden sich Überzeugungen – dann glauben wir, «richtig» erkannt zu haben und «zu wissen».

# Überzeugung, Glaube, Paradigma

*Wir tun Dinge nur aus einem Grund: weil wir davon überzeugt sind.*

Henry Ford führte das Fließband ein, weil er überzeugt war, es wäre der Traum der meisten Menschen, ein Auto zu fahren. Also brauchte er nur Wege zu finden, Autos billig herzustellen, und er würde viele Autos verkaufen. Er bekam recht und machte Ford groß. Die Chefs von Mercedes glaubten, ihr neues Flaggschiff 500 SE würde genügend Käufer finden, selbst wenn es größer wäre, teurer wäre und noch mehr Benzin verbrauchte. Sie bekamen unrecht und führten ihr Unternehmen an den Rand einer Krise.

Wichtig an diesen Beispielen ist nicht, wer letztlich recht behielt. Wichtig ist die Erkenntnis, daß Menschen grundsätzlich nur das tun, worin vermeintlich Sinn liegt und wovon sie demnach überzeugt sind. Diese Aussage, so einfach sie klingt, kann nicht genügend betont werden, denn aus ihr folgt:

**Handlungen und Verhalten entstehen aus Überzeugungen – also aus dem, was wir glauben!**

Wir können nicht ohne Überzeugung handeln, denn jeder einzelnen Handlung liegt eine Überzeugung zugrunde. Sie statten Ihr Haus mit einer elektronischen Anlage aus, weil Sie davon überzeugt sind, daß ein Einbruch stattfinden könnte. Sie begrenzen das Taschengeld Ihrer Kinder, weil Sie glauben, daß zuviel Geld ihnen schaden würde. Sie wollen viel Geld verdienen, weil Sie glauben, damit sicherer oder glücklicher zu leben.

Wenn Sie davon überzeugt sind, Ihre Mitarbeiter seien faul und wollten Geld möglichst ohne zu arbeiten verdienen, werden Sie Kontrollen einführen. Etwas ganz anderes werden Sie tun, wenn Sie der folgenden Überzeugung sind:

*«Wir bei Semco glauben einfach nicht, daß unsere Mitarbeiter ein Interesse daran haben, zu spät zu kommen, zu früh zu gehen ... Es sind erwachsene Menschen. Wir vertrauen ihnen ... Wir stehen ihnen nicht im Weg, und wir lassen sie ihre Arbeit tun.»*[7]

Überzeugungen sind keineswegs mit Vernunft, Überlegung oder Einsicht gleichzusetzen. Aus Überzeugung:

- morden Christen Moslems und Moslems Christen
- bauen wir Atombomben
- führen wir Krieg
- verdienen wir Geld
- verfolgen wir Ziele
- produzieren wir bestimmte Waren und andere nicht.

Die Technik der LCD-Bildschirme wurde im Westen erfunden, aber nicht hier, sondern in Japan weiterentwickelt. Warum? Weil kein bedeutender deutscher Manager daran *glaubte*. Weil niemand von diesem Milliardenmarkt *überzeugt* war. Weil deutsche Manager aufgrund ihrer Fünfjahresverträge nicht über einen wirksamen Kontext von «Weitsichtigkeit» verfügen und aufgrund dieser «Kurzsichtigkeit» die hohen Forschungs- und Produktionskosten scheuen.

Es ließen sich Hunderte ähnlicher Beispiele aufzählen. Viele moderne Technologien wurden in Europa erfunden, aber in Asien zur Produktionsreife geführt. Inzwischen ist durch solche Versäumnisse im Elektronikbereich die Realität einer wirtschaftlichen Abhängigkeit entstanden, die sich in Zukunft beträchtlich auf unser Land auswirken wird.

**Überzeugungen sind niemals wahr!**

Normalerweise verwechseln Menschen ihre Überzeugungen mit «Wahrheit» oder «Wirklichkeit». Sie glauben, daß das Leben wirklich so ist, wie sie glauben, und stehen anderen Menschen und deren Überzeugungen oft unversöhnlich gegenüber. Doch zu jeder Überzeugung lassen sich gegenteilige finden, die ebenso wahr oder ebenso wenig wahr sind.

– Wenn Sie glauben, man müsse sein Geld mit harter Arbeit verdie-

nen, bringe ich Ihnen Menschen, die ohne jede Anstrengung zu Reichtum kamen.
- Wenn Sie davon überzeugt sind, Geld ließe sich nur auf leichte und entspannte Weise verdienen, zeige ich Ihnen Menschen, die es aufgrund großer Anstrengungen und harter Arbeit zu beträchtlichem Wohlstand brachten.
- Wenn Sie glauben, Reichtum würde glücklich machen, lassen sich arme, aber glückliche Menschen finden. Und wenn Sie davon überzeugt sind, Reichtum würde Unglück bringen, tauchen reiche Menschen auf, die glücklich sind.
- Wenn Sie davon überzeugt sind, man müßte Wasserquellen aufgrund wissenschaftlicher Gutachten suchen, bringe ich Beispiele, bei denen die Wünschelrute zum Erfolg führte.
- Wenn Sie davon überzeugt sind, Wünschelruten seien zuverlässiger als wissenschaftliche Untersuchungen, weise ich auf unzählige Fehlschläge mit der Wünschelrute hin.
- Wenn Sie glauben, Ärzten gehöre das Privileg der Heilung, lassen sich Tausende Menschen finden, die erfolgreich von Wunderheilern behandelt wurden, und wenn Sie glauben, Ärzte seien Pfuscher, melden sich Tausende, die ihrem Arzt viel zu verdanken haben.

**Überzeugungen sind niemals wahr, aber immer wirksam!**

Das ist die wahrscheinlich wichtigste Erkenntnis zum Thema «Kontext und Überzeugungen». Die Art und Weise, in der wir normalerweise unsere Überzeugungen betrachten, ist: Welche ist richtig, welche falsch, wer hat recht, wer unrecht? Doch darum geht es nicht. Die einzige Möglichkeit, den Wert einer Überzeugung zu beschreiben, besteht in ihrer Auswirkung. Sinnvolle Fragen nach einer Überzeugung lauten: Was bewirkt sie? Was entsteht durch sie? Zu welchen Handlungen motiviert sie uns?
- Vor zwanzig Jahren waren die meisten Menschen davon überzeugt, Asbest sei unschädlich, obwohl bereits zu diesem Zeitpunkt Wissenschaftler warnten. Aber deren Informationen paßten nicht in unseren Kontext der «Fortschrittsgläubigkeit». Wir verbauten das Zeug in Wohnungen, Häusern und riesigen Bürotürmen und schufen damit eine folgenschwere Wirklichkeit. Heute geben wir Milliarden aus, um Asbest aus unserer Umgebung zu entfernen.

– Die Firma IBM war überzeugt davon, ihre Vormachtstellung auf dem Personalcomputermarkt durch Anbindung der Kunden an die eigene Marke auszubauen. Deshalb waren nur IBM-Geräte untereinander kompatibel. Eine Art Größenwahn ließ die Manager grundlegende Kundeninteressen ignorieren. Deshalb verkaufen heute Newcomer in Deutschland mehr PCs als die Weltfirma IBM. Auch so kann man Realitäten schaffen.

Keine Überzeugung ist an sich wahr, aber jede Überzeugung wirkt sich aus, schafft Wirklichkeit. Wenn wir die Verantwortung dafür ablehnen, sagen wir, «die Menschen sind so», «der Markt ist so» oder «die Wirklichkeit ist eben so». Doch die einzige Wahrheit ist: Wir haben die Wirklichkeit durch unsere Überzeugungen *so* gemacht!

## Paradigmen

Grundlegende Glaubenshaltungen, die von der überwiegenden Anzahl der Mitglieder eines Kulturkreises eingenommen werden und deren Leben auf starke Weise bestimmen, werden auch als Paradigmen bezeichnet. Auch diese kollektiven Glaubenssätze sind, genau wie individuelle Überzeugungen, nicht identisch mit Wirklichkeit, sondern spiegeln lediglich unsere Annahmen darüber und unser Verständnis davon wider.

Der Wachstumsglaube ist solch ein modernes Paradigma, das in letzter Zeit häufiger in Frage gestellt wird. Die zur Verfügung stehende Arbeit wird durch Auslagerung der Produktion global verteilt, und in den Industrienationen werden mehr Menschen arbeitslos. In der Folge gerät das Wachstumsparadigma hierzulande ins Wanken, weil selbst deutliches Wirtschaftswachstum nicht zu mehr Arbeitsplätzen führt.

Trotzdem sind wir noch nicht bereit, unseren Wachstumsglauben ernsthaft in Frage zu stellen. Und solange wir glauben, Wirtschaftswachstum sei wichtiger als die Erhaltung der Umwelt, werden wir die Umwelt dem Diktat des Wachstums unterordnen. Das mag dem einen gut und dem anderen schlecht erscheinen – die Folgen dieses Kontextes der «Wachstumsgläubigkeit» tragen in jedem Falle alle Menschen dieses Planeten gemeinsam.

Welchen Paradigmen und Überzeugungen wir folgen, aus welchem Kontext heraus wir leben, davon wird unsere Wirklichkeit bestimmt, denn diese lassen uns auf eine ganz bestimmte Art und Weise handeln. Realität ist das Ergebnis einer Kette, die mit Kontext beginnt.

**Realität entsteht durch Handlungen**
↓
**die aus Überzeugungen kommen**
↓
**welche durch Kontext gebildet werden.**

Realität ist also ein Produkt von Kontext. Lassen Sie mich das weiter ausführen.

# Realität gestalten und erschaffen

Es gibt viele Versuche, den Begriff der Realität zu definieren. Im Zusammenhang mit dem Inhalt dieses Buches bezeichne ich damit vorwiegend wirtschaftliche Ergebnisse von Unternehmen sowie soziale, menschliche und persönliche Erfahrungen. Solche Realität kann, auch unter identischen Bedingungen, sehr unterschiedlich ausfallen.

- Selbst in Zeiten schwacher oder rückläufiger Konjunktur, in denen es viele Unternehmen schwer haben, beobachten wir andere Firmen, die aufblühen und die nicht selten sogar zur selben Branche gehören.
- Wir sehen, wie Länder, die jahrzehntelang in bestimmten industriellen Bereichen dominierend waren, ganze Industrie- und Produktionszweige an junge, aufstrebende Nationen verlieren.
- Wir beobachten innovative Unternehmen, die neue Produkte präsentieren, und solche, deren Betriebsklima kreative Mitarbeiter abschreckt und die über mäßige Verbesserungen ihrer Produkte nicht hinauskommen.
- Wir erleben Unternehmen mit einer Krankheitsrate von lediglich zwei Prozent, während andere unter acht Prozent krankheitsbedingtem Ausfall zu leiden haben.
- Wir begegnen Managern, denen es gelingt, die Selbstverantwortung ihrer Mitarbeiter zu fördern, und anderen, die sich in starrem Weisungsverhalten erschöpfen und einen fast aussichtslosen Kampf um Kontrolle führen.
- Wir treffen auf desidentifizierte Mitarbeiter, denen das Schicksal ihres Unternehmens gleichgültig zu sein scheint, und andere, die ihre Kraft und ihr Potential für das Wachstum ihrer Firmen zur Verfügung stellen.

All das gehört zum Begriff «Realitäten». Es leuchtet ein, daß solch extrem unterschiedliche Wirklichkeiten nicht zufällig entstehen. Wie weit aber haben die beteiligten Manager die Konstruktion dieser Realitäten in der Hand? Wie weit haben sie diese Ergebnisse beabsichtigt oder wie weit erleben sie sich als Opfer unbeabsichtigt erzeugter Wirklichkeit?

Meiner Erfahrung nach denken viele Manager, wenn überhaupt, über die Konstruktion von Realität erst nach, wenn sie mit unerwünschten und unbequemen Wirklichkeiten konfrontiert werden, wenn die Umsätze stagnieren, die Aufträge zurückgehen oder die Produktionskosten zu hoch sind. In der Zeit davor machen sie vieles zufällig mehr oder weniger richtig oder falsch. Wieviel besser würde es sein, wir könnten Realität in einem größeren Maße planen, lange bevor wir durch Krisen dazu gezwungen werden? Verstehen wir den Ablauf des Prozesses «Gestaltung von Realität» und lernen, ihn zu handhaben, sind wir mehr als bisher in der Lage, Realitäten bewußt zu gestalten.

Die Entstehung von Realität läßt sich als ein Vorgang beschreiben, der fünf Stufen durchläuft:

**0** – Am Anfang steht ein neutraler Vorgang, Ereignisse oder, kurz gesagt, eine **Information**
**1** – um diesen Vorgang/diese Informationen zu begreifen, brauchen wir einen **Kontext,** der
**2** – durch eine Deutung eine **Überzeugung** entstehen läßt, aufgrund der
**3** – wir wissen, welches **Verhalten** angebracht scheint. Diese Handlung wirkt sich aus und führt
**4** – zu einem **Ergebnis,** eben einer Realität.

Dieses einfache und eindrucksvolle Modell erklärt, warum selbst identische Ereignisse zu unterschiedlichen Wirklichkeiten führen können. Ich möchte das durch einige Beispiele aus privaten und betrieblichen Bereichen illustrieren.

Stellen wir uns zuerst einmal vor, zwei in ihrem Wesen unterschiedliche Menschen gehen auf eine Party. Dort gestalten sie, bedingt durch ihre unterschiedliche, kontextabhängige Wahrnehmung, unterschiedliche Realitäten.

**0 – Ereignis:**
Auf einer Party sein

**1. Kontext A:**
Minderwertigkeit

**1. Kontext B:**
Selbstbewußtheit

**2. Überzeugungen A:**
«Die anderen sind klüger als ich – die Menschen interessieren sich nicht für mich – es mag mich doch niemand – wahrscheinlich wird es eine furchtbare Party.»

**2. Überzeugungen B:**
«Ich bin für Menschen interessant – es werden einige interessante Leute dort sein – ich werde von einigen gemocht – es könnte ein anregender Abend werden.»

**3. Verhalten A:**
Partygänger A steht am Rande, geht Gästen aus dem Weg, vermeidet Kontakt oder ist im Kontakt verschlossen und ängstlich.

**3. Verhalten B:**
Partygänger B ist offen für Kontakte oder nimmt Kontakt auf, lernt Menschen kennen.

*Erfahrung/Realität A:*
«Ein angespannter Abend, die Menschen reagieren ablehnend auf mich – ich habe es ja gesagt, ich bin uninteressant.»

*Erfahrung/Realität B:*
«Ein entspannter Abend, ich werde gemocht – ich bin interessant.»

So unterschiedlich kann die Party verlaufen. Lassen wir noch einen anderen alltäglichen Vorgang, diesmal aus dem betrieblichen Bereich, durch diese beiden Kontexte laufen:

**Vorgang:**
Der Chef kritisiert mich

**Kontext A:**
Minderwertigkeit

**Kontext B:**
Selbstbewußtheit

**Überzeugung A:**
«Meine Arbeit gefällt ihm nicht, er will mich loswerden.»

**Überzeugung B:**
«Etwas gefällt ihm nicht, er will mich darauf hinweisen.»

**Verhalten A:**
Ich leugne meine Fehler und schiebe die Verantwortung auf die Umstände oder auf andere Mitarbeiter.

**Verhalten B:**
Ich setze mich mit ihm auseinander, wir klären die Angelegenheit, ich gebe zu, falls ich etwas falsch machte, und übernehme keine Verantwortung für Vorgänge, die ich nicht zu verantworten habe.

**Resultat A:**
Dissonanz, Uneinigkeit, Spannungen, Ärger, Bedrohung.

**Resultat B:**
Offenheit, Entspannung, Einigung, Klarheit.

Auch bei diesem Beispiel geht es nicht um das «Richtig» oder «Falsch» der jeweiligen Deutung und des Verhaltens. Das läßt sich nur am Ergebnis festmachen, daran, ob ein Resultat erwünscht oder unerwünscht ist. Hier geht es um die Kette aus Bedeutung – Überzeugung – Handlung, die aus einem Kontext entsteht und die dadurch herbeigeführten Resultate.

## Die innere Atmosphäre

Erfahrungsgemäß verursacht der Begriff Kontext manchmal Verwirrung. Andere, weniger wissenschaftliche und weniger genaue Begriffe für Kontext sind *die innere Atmosphäre* oder *die Haltung* eines Menschen. Welche Haltung nehme ich den Ereignissen gegenüber ein? Welche Haltung kann ich aufgrund meiner inneren Atmosphäre einnehmen? Kann ich eine Information richtig bewerten? Kann ich die Bedeutung eines Vorgangs erfassen? Welche Resultate führe ich herbei?

Man kann sich den Kontext, die innere Atmosphäre oder die Haltung eines Menschen wie einen Filter vorstellen, der bei einem Menschen lediglich zwei Farben des Lichtspektrums durchläßt, bei einem anderen jedoch drei oder mehr. Aus dem Kontext *Selbstbewußtheit* heraus gestaltet sich ein völlig anderes Leben als aus *Minderwertigkeit* heraus.

Auch Manager entscheiden das Schicksal ihrer Firmen durch die Haltungen, die sie einnehmen. Stellen wir uns beispielsweise vor, ein Erfinder kommt mit einer neuen Idee zu einem Unternehmer. Mit welchen Haltungen wird er konfrontiert werden?

| Kontext | Überzeugungen |
|---|---|
| Unsicherheit: | Vielleicht taugt das etwas, vielleicht aber auch nicht. Ich will lieber keinen Fehler machen, auf Nummer sicher gehen und die Finger davon lassen. Unser Produkt läuft doch noch gut, wozu also das Risiko eingehen? |
| Überheblichkeit: | Der Mann ist doch viel zu jung, kennt unsere Firma nicht und hat vom Markt keine Ahnung. Wenn die Idee was taugen würde, wären wir schon längst darauf gekommen. |
| Offenheit: | Möglicherweise ist das ein gutes Produkt, und es gibt einen Markt dafür. Wir sollten mehr Informationen einholen. Mal sehen, was daraus wird. |

Es ist die jeweilige innere Atmosphäre, die Haltung, der Kontext, aus dem letztlich die Ergebnisse möglich werden. Fassen wir zusammen:

**Im Prozeß der Realitätsentstehung gestaltet sich das Resultat bereits am Anfang – durch den Kontext oder die Haltungen der Menschen und ihrer Organisationen.**

0. Am Anfang steht ein Gegenstand der Betrachtung oder ein Vorgang. Dieser ist zuerst einmal bedeutungslos und bedarf einer Interpretation. Dazu brauchen wir
1. einen Kontext, der einen vermeintlichen Sinn vermittelt. Wir können nur die Bedeutung geben, die sich aus unserem individuellen Kontext ergibt. So kommen wir
2. zu einer Überzeugung. Diese Überzeugung stellt eine Voraussage auf die Ereignisse dar. Sie sagt, was geschehen wird und wie wir uns

am besten verhalten sollen. Nach dieser Voraussage richten wir
3. unser Handeln. Diese Handlung wirkt sich auf uns und unsere Umgebung aus und läßt so
4. ein bestimmte Wirklichkeit, eine Realität, ein Ergebnis entstehen.

Realität ist ein Produkt. Sie ist weit mehr Produkt unserer eigenen Handlungen und unseres Verhaltens, als wir uns einzugestehen bereit sind. Gerade Führungskräfte haben mehr als die übrigen Mitarbeiter einen Anteil daran, ob:
- die Umsätze zurückgehen oder steigen,
- das Arbeitsklima belastend oder produktiv ist,
- die Mitarbeiter intrigieren oder sich ergänzen,
- die Krankheitsrate steigt oder fällt,
- Innovationen ausbleiben oder aufgenommen werden,
- Informationen zurückgehalten oder weitergegeben werden
- und und und ...

**Reproduktion der Vergangenheit durch unbewußten Kontext**

Sobald Führungskräfte bereit sind, die Verantwortung für die von ihnen erschaffene Realität zu übernehmen, halten sie einen Schlüssel zur Veränderung dieser Wirklichkeiten in der Hand. Bleibt ihnen die Wirkungsweise von Kontext jedoch verborgen, reagieren sie weniger auf neue Informationen und veränderte Prozesse, sondern mehr nur auf ihren eigenen Kontext, auf ihre eigene Deutung, also auf sich selbst. Sie drehen sich im Kreis, denn:

**Unbewußter Kontext reproduziert Vergangenheit und damit die in der Vergangenheit gemachten Ergebnisse!**

Menschen brauchen Kontext, um sich im Leben zurechtzufinden. Jeder Mensch verwendet dazu natürlicherweise die Kontexte, die er im Laufe seines Lebens entwickelte, und alle Menschen haben unzählige Zusammenhänge entwickelt, um die komplexen Vorgänge und Abläufe des Lebens zu erfassen. Wir haben Kontexte für alle Gegenstände, mit denen wir in Berührung kamen, und alle Menschen, die wir kennenlernten, für Liebe, Freundschaft, Arbeit, Geld, Kreativität, Ausdauer usw. Auf den Gebrauch dieser Deutungsmuster sind wir ständig angewiesen, denn die Welt ist voller Ereignisse, und wir begegnen täglich hundert oder tausend verschiedenen Eindrücken.

Welchen kommt Bedeutung zu? Worauf sollen wir wie reagieren und was können wir ungeachtet lassen? Irgend etwas geschieht immer. Beispielsweise kommt ein fremder Mensch auf uns zu. Nun, wie sollen wir diesen Vorgang deuten? Bedeutet das etwas Gutes oder Schlechtes? Sollen wir warten, weglaufen, kämpfen?

Wir brauchen etwas, mit dem wir diesen Vorfall deuten können, sonst können wir nicht darauf reagieren, sind orientierungs- und hilflos. Die einzig sicheren Anhaltspunkte liefert unsere Erfahrung. Sie sagt, «du kannst vertrauen, du bist bedroht» oder etwas anderes. Erfahrung sagt, was es bedeutet, wenn ein fremder Mensch auf uns zukommt. Haben wir gute Erfahrungen damit gemacht, werden wir offenbleiben für Kontakt. Haben wir schlechte Erfahrungen gemacht, werden wir uns bedroht fühlen und uns zu schützen suchen.

Hier beantwortet sich die Frage, wie Kontext entsteht. *Erfahrung bildet Kontext.* Ohne Erfahrung wären wir lebensunfähig, könnten wir nicht einmal eine Straße überqueren, eine Gabel zum Mund führen, würden vergessen, was weh tut, und alle Fehler wiederholen. Erfahrung ist Orientierung.

Aber Erfahrung hat auch beträchtliche negative Aspekte, denn sie legt uns auf ein Deutungs- und Reaktionsmuster fest. Würde ein Mensch im Leben ausschließlich seinen Erfahrungen folgen, könnte er weder etwas Neues erleben noch etwas dazulernen. Er würde alles durch die Brille seines ewig gleichen Kontextes bewerten und sagen «Ah – das ist wie damals ...» und entsprechend reagieren. Er würde immerzu die Vergangenheit nach vorne projizieren, stets auf die gleiche Weise reagieren, immer die gleichen Überzeugungen entwickeln und damit immer gleiche Verhaltensweisen. Er hätte keine Zukunft, denn in seinem Leben könnte sich nichts ändern. Hat er mit einer blonden Frau schlechte Erfahrungen gemacht, würde er alle blonden Frauen meiden. Ist er von einem Steuerberater falsch beraten worden, würde er keinem anderen mehr trauen können. Ist er einmal mit einem neuen Produkt gescheitert, würde er die Finger von allen neuen Produkten lassen.

Was ich hier schreibe, ist keine Theorie. Wir alle kennen Unternehmen, in denen Kontextänderung kaum eine Rolle spielt. Noch heute füllen Bankbeamte die Sparbücher ihrer Kunden mit der Hand aus.

Hier ändert sich wenig, hier bleibt selbst die Gegenwart draußen, von der Zukunft ganz zu schweigen. Doch man braucht nicht staatseigene Unternehmen zu betrachten. Auch Saurierfirmen schleppen zuviel Vergangenheit mit sich und drohen an ihrem einmal entwickelten Kontext und seinen starren Überzeugungen zu zerbrechen.

Nach allem, was ich bisher über Kontext geschrieben habe, könnte man vielleicht glauben, es sei besser, auf einen sich negativ auswirkenden Kontext zu verzichten. Leider geht das nicht, denn wer in bezug auf Dinge oder Vorgänge über keinen positiv auswirkenden Kontext verfügt, muß sich auf den verlassen, der ihm zur Verfügung steht.

## Kontext hat man – ohne Kontext geht es nicht

Stellen wir uns vor, wir verfügten nicht über den Kontext «Werthaftigkeit von Gemälden». Stellen wir uns weiter vor, aus Omas Nachlaß einen Picasso zu erben. Was würde aus dem Kontext «Unwissenheit» heraus mit dem Kunstwerk geschehen, mit dem wir das Gemälde ansehen? Was würden wir sehen? Eine verschmierte Leinwand? Wahrscheinlich würde das Werk auf dem Sperrmüll landen, die Kinder dürften Wurfpfeile darauf werfen, oder wir verkauften es für 20 Mark an einen Trödler und hätten noch das Gefühl, ein gutes Geschäft gemacht zu haben. Und wenn uns niemand über die wahren Zusammenhänge aufklärte, würde dieses Gefühl bestehen bleiben.

Im «Managermagazin» berichtete ein Unternehmer, daß er und einige seiner Freunde noch am Vortag der Markteinführung von Swatch-Uhren vom Mißerfolg des Produktes überzeugt waren. Bisher kannten sie Uhren nur als teure Repräsentationsartikel, nicht aber als Modeartikel. Und wer konnte sich damals vorstellen, daß einzelne dieser Uhren heute Sammlerpreise erzielen, die das Tausendfache ihres Ursprungswertes betragen.

Diese Leute konnten «Uhren» und «Mode» nicht zusammenbringen, der Fabrikant allerdings konnte es, schuf etwas Neues – einen neuen Kontext der «Modehaftigkeit von Uhren» und hatte immensen Erfolg.

Viele Unternehmer verfügen beispielsweise nicht über einen Kontext der «Werthaftigkeit von Visionen». Sie können zur Bewertung von Phantasie nur den Kontext verwenden, der ihnen zur Verfügung steht; und das ist nicht selten ein Kontext von *Überheblichkeit,* durch den sie visionäre Menschen als «Spinner» ablehnen – das alles «aus Erfahrung».

## Lebensgrundhaltungen

Der wesentlichste Aspekt der Erfahrung besteht darin, Lebensgrundhaltungen zu erzeugen, die, einmal gebildet, wiederum selbst Einfluß auf das Leben ausüben. Eine Lebensgrundhaltung auf individueller Ebene wäre beispielsweise die Einstellung «im Leben muß man aufpassen» oder «Menschen sind Egoisten» oder «Menschen sind gut».

Jeder dieser Überzeugungen mag unter bestimmten Umständen richtig und wahr sein; und unter anderen Umständen falsch und unbrauchbar. Trotzdem sind die meisten Menschen wenig flexibel und richten sich unter fast allen Umständen nach der gleichen Haltung.

Vor kurzem diskutierte ich im Coaching mit einem Manager seine von ihm vorgetragene Grundüberzeugung «Das Berufsleben ist ein Kampf, und wer nicht untergehen will, muß kämpfen». Der Mann konnte mühelos endlose Beispiele aneinanderreihen, die seine Ansicht bestätigten, denn er befand sich mit jedem und allem im Kampf.

Wenn das Kontext-Konzept stimmig ist, muß das Verhalten dieses Mannes die Realität Kampf immer wieder neu entstehen lassen. Eine für ihn typische Reaktion bestünde darin, einem Fremden, der sich nach seinem Beruf erkundigt, zu antworten: «Das geht Sie nichts an.»

```
0 – Vorgang:      Jemand spricht ihn an
1 – Kontext:      Bedrohtheit
2 – Überzeugung:  Der will mich aushorchen
3 – Verhalten:    «Das geht Sie nichts an!»
4 – Realität:     Distanz oder Konflikt
```

Es ist offensichtlich, daß der Mann in einer inneren Atmosphäre der Bedrohtheit lebt, Vorgänge mißtrauisch betrachtet und den Menschen insgeheim unterstellt, sie wollten ihm schaden. Kein Wunder also, daß er mit vielen Menschen im Kampf liegt. Sein Leben ist Kampf, aber nicht, weil das Leben so ist, sondern weil er es dazu macht. Er wiederholt Erfahrungen endlos.

Dieser Mann gäbe den typischen Manager ab, der nichts abgeben kann, ständig mit seinen Mitarbeitern kämpft, sie kontrolliert und zurechtweist. Würden Sie ihm nahelegen, etwas mehr zu vertrauen und zu kooperieren, würde er heftig widersprechen, denn er ist zutiefst davon überzeugt, daß er «hinter allem her sein muß». Solch ein Rat widerspräche allen seinen Überzeugungen und seiner gesamten Lebenserfahrung; und er könnte ihn beim besten Willen kaum befolgen.

Wie alle Überzeugungen ist auch die Überzeugung «Man muß kämpfen» weder wahr noch unwahr. Kampf kann retten, kann aber auch in den Untergang führen, denn es gibt immer Sieger und Verlierer. Anstatt immer zu kämpfen, wäre es sinnvoller herauszufinden, wann Kampf und wann Vertrauen angebracht ist.

Eine Sachbearbeiterin in der Zentralverwaltung ihrer Firma machte quer durch ihr Berufsleben folgende Erfahrung:

*«Ich komme immer zu kurz, wenn es etwas zu verteilen gibt. Die anderen werden bevorzugt, und für mich bleiben nur die Reste.»*

Gerade hatte die Firma neue Schreibtische angeschafft, jedoch nur für einen Teil der Angestellten. Im Nu waren alle Schreibtische verteilt, und die Frau ging leer aus. Doch auch die Realität dieser Frau entstand nicht zufällig.

0 – Vorgang: Verteilung von Schreibtischen
1 – Kontext: Bescheidenheit (Minderwertigkeit)
2 – Überzeugung: «Ich bekomme ja doch nicht, was ich brauche. Die anderen sind stärker, besser oder haben mehr Rechte als ich!»
3 – Verhalten: Sie hält sich zurück, setzt sich nicht mit den Kollegen auseinander, schweigt und ärgert sich.
4 – Erfahrung: «Ich komme zu kurz!»

Schon hat sich die alte Erfahrung *Benachteiligtwerden* wiederholt und der Kontext Minderwertigkeit sich bestätigt. «Siehst du – ich hab es ja gesagt – das Leben ist so», steht am Ende dieses Reproduktionsprozesses von Lebenserfahrung.

In Wahrheit kennen wir das Leben recht wenig. In Wahrheit kennen wir nur unser Leben, und das wird von unserem Kontext bestimmt. Vielleicht sollten wir uns viel öfter die Frage stellen, was unsere Lebenserfahrung, auf die wir mitunter so stolz sind, wirklich wert ist. Sonst werden wir 60 oder 80 Jahre alt, glauben zu wissen, wie *das Leben ist,* und haben nicht bemerkt, daß wir uns im Kreise drehen.

Doch auch wenn wir an Überzeugungen und unserer Sicht des Lebens festhalten, auch wenn wir uns nicht verändern wollen – um uns herum schreitet der Prozeß fort.

# Die Dynamik der Veränderung

*Der Prozeß geht unaufhaltsam weiter. Sein Name ist Veränderung.*

Auf den vorhergehenden Seiten habe ich mich relativ eingehend mit dem Thema Kontext befaßt, nachdem ich Prozesse als stetige Veränderungen beschrieben habe. Die Begriffe *Prozeß und Kontext* gehören zusammen. Erstens ist *Prozeßhaftigkeit* ebenfalls ein Kontext, allerdings ein neuer, auf Veränderung und Beweglichkeit, nicht auf Stabilität und Starre ausgerichteter. Und zweitens geschieht die Veränderung einer Realität über die Veränderung des Kontextes, der ihr zugrunde liegt.

Kontext und Prozeßdenken hängen zusammen, weil es letztlich darum geht, sich bewußt für einen Kontext der Beweglichkeit zu entscheiden, für eine Sichtweise, die Veränderung sucht, willkommen heißt und mit ihr geht.

Ich werde in den nächsten Abschnitten darlegen, wie sich die Dynamik der Veränderung unabhängig vom Wollen der Menschen oder ihrer Organisationen durchsetzt und welche Spannungen und Chancen dabei entstehen.

## Identifikation – Strukturen aufbauen und festigen

Teilen Gruppen von Menschen, wie Unternehmen oder Organisationen, einen Kontext miteinander, teilen sie auch die ihm entsprechenden Überzeugungen, das aus ihm kommende Verhalten und machen demnach auch ähnliche Erfahrungen.

Dieser gemeinsame Zusammenhang ist von großer Bedeutung für alle Beteiligten, denn er erzeugt ein Gefühl der Zusammengehörigkeit, eine *gemeinsame Identität, eine Identifikation* mit gemeinsamen Werten. Solche Identität zeigt sich in Wir-Aussagen. «Wir sind ...», «Wir tun ...» oder deren Verneinungen «Wir sind nicht ...», oder «Wir machen nicht ...».

## Der Rahmen der Identifikation

Wir brauchen die Sicherheit, die durch solche Identifikationen entsteht, einen Rahmen also, um unsere Kräfte zu bündeln. *Wir,* das heißt mit vereinten Kräften an einer Sache zu arbeiten und gemeinsam auf ein Ziel zuzugehen, gemeinsam etwas aufzubauen und zu erhalten.

Identifikation verschafft ihren Trägern folglich als vielleicht wichtigste Funktion Orientierung, indem sie einen Denk- und Handlungsrahmen setzt.

Identifikation ist Voraussetzung für Begeisterung und Engagement. Womit wir identifiziert sind, das erleben wir als einen Teil von uns oder uns als ein Teil von ihm. Identität und Identifikation sind also etwas sehr Wichtiges. Man braucht nur an japanische Firmen zu denken, die einen Teil ihres Erfolges dem traditionell starken Gefühl der Zusammengehörigkeit und der Vorstellung des Unternehmens als «Familie» verdanken. Die Entstehung einer Unternehmensidentität, mit der sich Mitarbeiter und Kunden identifizieren, ist ein wesentlicher Teilaspekt unternehmerischen Erfolges. Nicht zuletzt wird durch das Konzept der Corporate Identity versucht, die Möglichkeit der Identifikation mit einem Unternehmen zu erhöhen.

## Identität und Grenzen

Bewußt oder unbewußt identifizieren sich Unternehmen und die meisten ihrer Mitarbeiter mit dem Kontext, der im Laufe der Organisationsgeschichte entstanden ist. Aus dieser Identität ergibt sich dann der Spielraum, den das Unternehmen Mitarbeitern und Management einräumt. Solange die produzierten Ideen und die getroffenen Entscheidungen innerhalb dieses Identitätsrahmens liegen, wird das entsprechende Verhalten getragen und unterstützt.

Irgendwann jedoch wird, aufgrund interner und externer, gesellschaftlicher und wirtschaftlicher Entwicklungen der Rahmen der Identität zu eng. Dann gelangen das Unternehmen und einzelne oder Gruppen seiner Mitarbeiter an die *Grenze dieser Identität*.

So traf der Entwicklungschef von Mercedes beim Versuch, einen Kombiwagen zu bauen, auf den geschlossenen Widerstand seines Vorstandes. Ein Kombi entsprach nicht der Vorstellung «Wir sind ein Unternehmen, das Autos der gehobenen Klasse baut». Man war der Meinung, Kombiwagen wären etwas für Handwerker und andere Sterbliche; und außerdem sei ein Kombi nicht wirklich elegant zu stylen.

Der Mann entwickelte daraufhin das Design für seinen Traumkombi heimlich weiter und präsentierte dem Vorstand erst die fertige und gelungene Studie. Tatsächlich wurde dieser Kombi einer der größten Verkaufserfolge des Unternehmens. Für den Entwicklungschef ist das Abenteuer Grenzerlebnis gut ausgegangen. Wir können uns aber auch vorstellen, daß es mit seiner Entlassung hätte enden können.

Identität und Identifikation können zur Falle werden und neue Ideen unterdrücken oder Weiterentwicklung verhindern. Zur Falle werden sie auf jeden Fall immer dann, wenn um das Unternehmen herum Veränderungen stattfinden, die Veränderung des Unternehmenskontextes mit dieser Entwicklung aber nicht standhalten kann.

**Das bedeutet, früher oder später wird jede Identifikation zu eng.**

Identifikation schränkt die Wahrnehmung ein. Wer sich vorwiegend an seinen Vorstellungen und Idealen orientiert, bekommt nur einen Teil davon mit, was tatsächlich geschieht, und blendet wichtige Entwicklungen aus.

IBM war der weltgrößte Hersteller von Datenverarbeitungsmaschinen für gewerbliche Anwender. Die Firma hatte schon einmal in ihrer Geschichte arge Probleme mit der Umstellung vom Lochkartensystem auf Mikroelektronik. Als ihr dies endlich gelungen war, stieg sie zur weltgrößten Computerfirma auf. Weitere Probleme kamen mit der Entwicklung des Personalcomputers auf IBM zu. Die Überzeugung «Wir sind eine Firma für gewerbliche, nicht für private Kunden» ließ IBM die Entwicklung des Personalcomputers vernachlässigen. Technische und menschliche Ressourcen wurden im gewerblichen Bereich konzentriert, die Entwicklung des Bedarfs wurde falsch eingeschätzt.

Heute wird IBM von der rasanten Entwicklung des Personalcomputers sogar in seiner gewerblichen Vormachtstellung bedroht, denn immer mehr Personalcomputer können mit den großen Maschinen Schritt halten. Parallelrechner, also Dutzende von parallel geschalteten Personalcomputern, sind heute in der Lage, große Maschinen sowohl kosten- als auch leistungsmäßig abzulösen. IBM ist ein weiteres Mal in seiner Identität und seiner Existenz bedroht und steht vor der Aufgabe kolossaler Veränderungen – vor der Aufgabe weitgehender Identitätsveränderungen.

Identität ist ein zweischneidiges Schwert. Sie ist sicherer Rahmen und Gefängnis zugleich. Irgendwann hat jedes Unternehmen den Spielraum seiner Identität ausgenutzt und steht vor seinen eigenen Grenzen. An der Grenze entscheidet sich, ob ein Unternehmen stehenbleibt oder sich weiterentwickelt. Hier stellt sich die Frage: Ist es in der Lage, seine Identität zu erweitern? Wird es seinen Kontext verändern und erweitern können? Wird es alte Überzeugungen loslassen und neue Glaubenshaltungen entwickeln können?

Wie schwer diese Aufgabe ist, kann man allenthalben beobachten. Zum Beispiel bei Behörden, die über Jahrzehnte einen Kontext von *Langsamkeit* und *Sicherheit* entwickelt haben und die mittlerweile privatisiert wurden. Dort erfährt das Management, wie schwer es sein kann, eine Identität zu verlassen oder aufzubrechen, an die sich Mitarbeiter, Betriebsrat und Gewerkschaften seit Jahren klammern.

**Doch wir haben keine Wahl. Irgendwann kommt das Ende jeder Identifikation. Und zugleich damit die Angst.**

# Die Angst vor Veränderung

*An den Grenzen der Identität lauern die Dämonen der Angst.*

Beinahe täglich wird in jedem Unternehmen die Notwendigkeit von Grenzüberschreitungen deutlich. Manchmal geht es darum, eine Gewohnheit zu durchbrechen und etwas zu verändern, «das wir immer so gemacht haben». Ein anderes Mal können radikalere Maßnahmen, wie Entlassungen, Produktionsverlagerungen, die Aufgabe alter und die Entwicklung neuer Produktlinien usw., nötig sein.

**Trotzdem zögern die Verantwortlichen oft bis zum letzten Moment oder darüber hinaus. Warum? Aus Angst!**

Auch hier unterscheiden sich Manager nicht von anderen Menschen. Sie wollen auf sicherem Grund bleiben; und jeder Schritt auf die andere Seite, jenseits der Grenze der Identifikation, ist ein Schritt ins Unbekannte. Jede Grenzüberschreitung löst Ängste aus.

Ich bin mir klar darüber, daß die Verwendung des Begriffs Angst auf eine hohe Ablehnungsbereitschaft durch den Leser/die Leserin trifft. Manager sind stark mit der Vorstellung identifiziert, keine Angst zu haben oder keine Angst haben zu sollen. Normalerweise leugnen oder kompensieren sie deshalb Angst oder versuchen, diesen Begriff im Sprachgebrauch zu umgehen. Sie sagen nicht «wir haben Angst, damit baden zu gehen» oder «wir fürchten, etwas falsch zu machen». Sie sind vielmehr «der festen Überzeugung, daß es keinen Markt für dieses Produkt gibt» oder sind «sicher, weil Forschungen ergaben, daß eine Investition in diesen Bereich sich nicht auszahlen wird» oder stellen «keinen Handlungsbedarf fest».

Manager haben Angst davor, Angst zu haben. Und gerade auf den Chefetagen scheint der Begriff tabuisiert zu sein. Dabei wird übersehen, daß ein Großteil unternehmerischer Entscheidungen von Angst getragen wird. Wäre das nicht der Fall, würden Manager den Mut zu notwendigen Strukturveränderungen vorzeitig oder rechtzeitig aufbringen, statt meist bis zum letzten Augenblick zu zögern.

## Angst muß!

Der sicherste und am wenigsten angstauslösende Weg für Entscheidungsträger verläuft also innerhalb der vorgegebenen Firmenidentität. Handelt ein Manager in Übereinstimmung mit dieser Vorgabe, ist ihm klar, was er *tun muß,* was er *nicht tun soll* oder *nicht tun darf,* was *geht* oder was *nicht drin* ist.

Wenn Sie erkennen wollen, ob Menschen entsprechend einer Identifikation handeln, achten Sie auf die Verwendung des Wortes *muß* oder seiner Verneinungen *darf nicht, soll nicht, kann nicht.* Warum ist dieses Wort ein Indikator für identitätskonformes Verhalten? Weil im Muß die Angst vor den Konsequenzen der Grenzüberschreitung deutlich wird. Sobald ein Mensch diese Worte gebraucht, ist er von Ängsten oder Befürchtungen motiviert. Wir müssen..., sonst ... wird sich etwas Nachteiliges ereignen.

In Sätzen wie «Wir müssen, sonst...» äußern sich Überzeugungen, die durch die Brille des Firmenkontextes logisch und richtig erscheinen. Leider wirkt Kontext auch hier als Filter, der nur einpolares Licht durchläßt. Wir setzen diese Brille auf, sie läßt nur dunkelblaues Licht durch und sehen die ganze Welt dunkelblau. Wir rufen: «Die Welt ist dunkelblau – wir müssen uns auf die Produktion dunkelblauer Produkte konzentrieren, sonst bleiben wir auf gelben und roten hängen» – und sind zutiefst davon überzeugt.

*Muß* oder *darf nicht* drücken innere Zwänge aus. Wenn wir etwas müssen, gibt es keine Alternative dazu. Wenn wir müssen, haben wir keine andere Wahl, sondern nur diese eine Möglichkeit, sonst ... geschieht etwas Nachteiliges. Folgen wir dem Muß, sind zumindest unsere Ängste beruhigt, denn wir haben uns entsprechend der Gebote der Identifikation verhalten.

**An den Grenzen der Identität, am einzigen Ort, wo Veränderung stattfinden kann, tauchen die Dämonen der Angst auf.**

Sie bringen das Muß in unser Bewußtsein und wollen uns daran hindern, etwas Neues zu tun. Ihre Kraft kann enorm sein, und ihre Botschaften lauten so oder ähnlich:

- Du mußt noch mehr Druck machen, sonst läuft es nicht ...
- Du mußt schärfer kontrollieren, sonst machen die, was sie wollen
- Du mußt noch warten, sonst ... machst Du Fehler
- Geh lieber auf Nummer sicher, sonst ...

Dämonen sind Bewahrer der Identifikation und wollen uns an Veränderungen hindern. Sie leben von Ängsten und Hemmungen und tauchen nicht nur als eigene innere Angst auf. Sie schlüpfen in die Haut anderer Manager und personifizieren sich in unseren Gegnern, die unser Bemühen um Veränderung bekämpfen. Dann werden die anderen Bewahrer der Identität, und man selbst kämpft um die Möglichkeit der Erneuerung.

Angstverstärkend wirkt die Tatsache, daß ein Manager, der es wagt, eigenständig Grenzen zu überschreiten und dabei scheitert, von der Identität des Unternehmens nicht mehr getragen wird und Gefahr läuft, «abgeschossen» zu werden.

Doch wer ist schon bereit, für das Neue zu kämpfen? Wer ist bereit, sich mit der Firmenleitung, deren Hauptaufgabe die Aufrechterhaltung der Identität zu sein scheint, wirksam auseinanderzusetzen? Kaum jemand!

**Deshalb muß der Prozeß diese Aufgabe erledigen.**

# Störungen der Identifikation

*Durch Identifikation entsteht das Unbewußte der Organisation – die Grundlage jeder Störung.*

Die Identifikation des Managements mit einem bestimmten Kontext und Verhalten hat weder wirtschaftliche, noch politische, weder kulturelle, noch soziale Gründe. Sie ist schlicht und einfach menschlicher Natur. Identifikation gibt Sicherheit, und die wollen wir behalten.
Schließlich hat doch jahrelang alles funktioniert! Warum also etwas ändern? Und warum jetzt schon? Warten wir lieber noch ab, bis ...
Kaum jemand, weder Menschen noch Organisationen, verändert sich freiwillig. Wie aber geschieht dann Veränderung? Wie versucht der Prozeß darauf aufmerksam zu machen, daß er sich von unserer Wahrnehmung fortbewegt hat? Die Antwort ist relativ einfach – durch alles, was stört.
Ereignisse und Vorgänge, die nicht zu den identifizierten Konzepten des Unternehmens und seiner Repräsentanten passen, werden grundsätzlich als Störung empfunden. Eine Störung ist also nicht nur lästig, sondern immer auch ein Angriff auf die Identität des Unternehmens oder die Identifikation der betroffenen Manager. Damit enthält die Störung zugleich Informationen aus dem Bereich jenseits der Grenze – Informationen, die außerhalb der normalen und alltäglichen Aufmerksamkeit liegen.
Üblicherweise versuchen wir, Störungen zu ignorieren. Gelingt das nicht, wollen wir sie unterdrücken. Doch gegen Störungen auf Dauer anzukämpfen hat wenig Sinn. Störungen wollen Aufmerksamkeit. Anstatt sie zu beachten, versuchen wir jedoch, sie loszuwerden. Verbirgt sich in der Störung aber Information in bezug auf eine wichtige Veränderung, muß der Versuch, sie zu beseitigen, auf Dauer fehlschlagen oder andere negative Folgen nach sich ziehen. Ein Effekt dieses Beiseiteschiebens störender Vorgänge ist also, daß Störungen zunehmen oder an anderer Stelle auftreten.

## Was geschieht tatsächlich?

Wer über seine Ideen und Pläne hinaus den Prozeß realisieren will, muß sich eine Reihe von Fragen stellen. Sie lauten:
- Was geschieht tatsächlich?
- Was geschieht unabhängig von meinen Vorstellungen, Absichten, Ideen, Plänen?
- Was geschieht außerhalb meiner Identifikation?
- Wie meldet sich die Welt jenseits der Grenze?
- Was stört oder ist unangenehm?

Solche Fragen sind von grundsätzlicher Bedeutung, und Antworten darauf liegen nicht offen auf dem Tisch. Wir müssen sie suchen, weil wir dazu neigen, Störungen zu ignorieren und uns deshalb nicht gern mit ihnen befassen. Ich will zur Erläuterung ein Beispiel aus dem individuellen Coaching bemühen. Dort kam ein Manager zu mir und berichtete mir folgendes:

*«Ich habe in den letzten Jahren außerordentlichen Erfolg gehabt. Inzwischen bin ich zum Geschäftsführer eines großen Unternehmens aufgestiegen. Es war eine harte Zeit, aber ich werde mein Ziel, in den Vorstand zu kommen, in Kürze erreicht haben.»*

Im Laufe des Gespräches erfuhr ich, daß er

*«in letzter Zeit wiederholt nachts träume, beim Bergsteigen abzustürzen. Ich versuche, mich auf den Gipfel zu ziehen, gleite aber ab und falle in die Tiefe.»*

Wenige Minuten nach der Schilderung dieses Traumes spricht der Manager über Herzbeschwerden, die er seit einigen Monaten hat. Sein Herz gerate «manchmal aus dem Takt». Aus diesem Grund ließ er von seinem Arzt ein Belastungs-EKG machen, das aber keinen negativen Befund erbrachte.

Im Coaching greifen wir nun den Traum auf und simulieren «Abstürzen vom Gipfel». Der Mann liegt am Boden und ist «kaputt». Dann entdeckt er etwas für ihn Überraschendes.

*«Es ist gar nicht so schlecht, hier zu liegen. Ich bin zerschmettert und kann mich nicht rühren. Ich kann nichts machen. Nur daliegen und – ausruhen.»*

Der Traum stört den Mann; und – trotzdem – transportiert er Informationen, in denen sich der Prozeß zeigt.

Was ist nun der Prozeß dieses Managers? Wie könnte er ihn erkennen? Er müßte sich außerhalb seiner Identifikation stellen und fragen: «Was geschieht tatsächlich, also auch unabhängig von meinen Zielen und Vorstellungen?»

Vergleichen wir dazu das bewußte Ziel und den Traum dieses Mannes. Wir kennen sein Ziel, das aus einer Identifikation mit der Vorstellung entsteht, in den Vorstand seines Unternehmens aufzusteigen. Sein nächtlicher Traum zeigt allerdings in eine andere Richtung. Dort stürzt er ab und kann ausruhen. Der Traum offenbart also zusätzliche Informationen, die sich aus der Zielvorgabe *in den Vorstand kommen* nicht ergeben. Im Bewußtsein des Managers taucht «anstrengen» auf, sein Unbewußtes signalisiert dagegen «ausruhen».

Der ganzheitliche *Prozeß* des Mannes wird nun im Zusammenwirken von bewußter und unbewußter Absicht deutlich. Weil der Mann sich so sehr anstrengt, in den Vorstand zu kommen, wächst das Bedürfnis, sich auszuruhen – da diese Information jedoch außerhalb bewußter Wahrnehmung liegt und deshalb unberücksichtigt bleibt, taucht sie in Träumen und Herzbeschwerden auf.[8]

Der Prozeß lautet in dieser Phase demnach «Anstrengen – Zusammenbrechen – Ausruhen». Wir können nun mit einiger Sicherheit folgende Voraussage machen: Wird der Mann sich noch mehr anstrengen, wird er eher zusammenbrechen oder sein Zusammenbruch wird heftiger ausfallen.

Die Steuerung des *ganzen Menschen* geschieht nicht durch sein Bewußtes allein. Das Unbewußte spielt mit; und zwar in einer Hauptrolle. Die Psychologie weiß seit langem, daß die Steuerung des Individuums weit mehr durch das Unbewußte als durch das Bewußte geschieht. Die Idee des Unbewußten ist jedoch nicht nur auf Individuen anwendbar. Sie kann auch für Unternehmen genutzt werden. Die Vorstellung, jede Organisation habe ein Unbewußtes, ist interessant und sinnvoll.

**Die Definition des Unbewußten eines Unternehmens lautet: Alle Informationen interner oder externer Art, die außerhalb des Kontextes eines Unternehmens oder seiner Führungskräfte liegen und deshalb nicht wahrgenommen, oder zwar wahrgenommen, aber unterbewertet und nicht aufgegriffen werden.**

Zum Unbewußten des Unternehmens gehören unter anderem abweichende Meinungen, Störer, Positionen ohne Einfluß, Leistungsverweigerer, Schwache, Tratsch und Klatsch, Intrigen, verheimlichtes oder zurückgehaltenes Wissen, nicht beachtete Kundenwünsche, mißachtete Interessen der Zulieferer, ignorierte Umweltaspekte usw. Darüber hinaus alle wirtschaftlichen, gesellschaftlichen und globalen Informationen, die im Management keine Beachtung finden, weil sie unbekannt sind oder falsch bewertet werden.

## Steuerung von Prozessen

Der einzelne Mensch gibt sich oftmals der Vorstellung hin, seine Lebensprozesse willentlich planen und steuern zu können. Er muß nicht erst im Sterbeprozeß sein, um die Erfahrung zu machen, daß dies nur begrenzt möglich ist. Wir machen die Erfahrung des Ausgeliefertseins an den Lebensprozeß auch, wenn Liebesbeziehungen enden, obwohl wir sie weiterführen wollen, wenn wir krank werden, obwohl wir gesund bleiben wollen, wenn wir ein Ziel verfehlen, das wir erreichen wollten.

Auch Unternehmen geben sich oftmals der Illusion hin, Prozesse lenken zu können. Der einfachste Weg, diese Illusion zumindest zeitweise aufrecht zu erhalten, scheint darin zu bestehen, Störungen der eigenen Absichten zu ignorieren oder zu unterdrücken.

Wahrscheinlich ist der VW-Konzern der Illusion dieser Mach- und Manipulierbarkeit aufgesessen, als er sich beharrlich weigerte, die berüchtigten Getränkedosenhalter in seine USA-Modelle einzubauen. Heute, durch den Kunden eines Besseren belehrt, finden sich im USA-Golf sieben (!) solcher Halterungen. Selbst der größte Konzern kann also den Prozeß «Kundenverhalten» nicht beeinflussen. Er kann sich an ihn anpassen, seine Produkte in Übereinstimmung mit ihm bringen, aber er kann ihn nicht lenken.

**Prozesse sind nicht steuerbar. Sie führen ein Eigenleben. Wir können nur insoweit planen, um in Übereinstimmung mit ihnen zu gelangen, aber wir können sie nicht lenken.**

Will ein Unternehmen Anschluß an den Prozeß halten, lautet die Frage nicht «Was wollen wir tun?», «Was wollen wir planen?», sondern «Was will geschehen?», «Was kündigt sich an?», «Wie können wir daran teilhaben?» und «Wie können wir unsere Planung darauf ausrichten?»

Will ein Unternehmen prozeßorientiert arbeiten, ist es auf eine Vielzahl von Informationen angewiesen – nicht zuletzt auf all das, was zum Bereich seines Unbewußten gehört. Information aus dem Unbewußten ist für das Bewußte oft schwer zu ertragen oder schwer anzunehmen. Nicht zufällig ist die Information ja im Unbewußten gelandet, sondern, weil sie nicht zum individuellen, organisatorischen oder gesellschaftlichen Selbstverständnis paßt.

Doch Prozeßwahrnehmung braucht alle verfügbaren Informationen und erkennt daher die besondere Bedeutung störender Einflüsse an und zeigt sogar ein besonderes Interesse für das, was sich oberflächlicher Betrachtung entzieht. Denn der Wille des Ganzen, der sich im Prozeß äußert, bleibt uns verborgen, solange wir nur mit uns selbst und unseren bewußten Zielen identifiziert sind. Dann muß sich der Prozeß durch Störungen unserer Pläne, Ideen, Vorhaben und Handlungen bemerkbar machen. Es geht in Prozessen gerade darum, auch das wahrzunehmen, was uns nicht paßt, was unsere Bilder, Absichten und Pläne angreift.

Damit ist auch die Frage, wie wir ein Abweichen von Prozessen erkennen können, beantwortet: In den Störungen unserer Ziele und Vorhaben zeigt sich, in welche Richtung der Prozeß sich entwickeln will. Wer diese Aussage begriffen hat, wird in Zukunft weniger aggressiv auf Störungen reagieren. Er wird eine Störung als Aufforderung zum Wachwerden begreifen, als Aufforderung, hinzuschauen und sich gegebenenfalls an den Prozeß anzupassen.

Diese Zusammenhänge kann ich nicht genügend betonen. Machen

Sie sich das klar: Wenn etwas passiert, das Ihnen nicht paßt, das Sie stört, das Ihnen lästig ist, das Sie enttäuscht, das Sie verärgert, das Sie verfolgt, das Sie nicht in Ruhe läßt, etwas, das einfach geschieht, das Sie nicht kontrollieren können, ob es Ihnen gefällt oder nicht, ob es gut oder schlecht erscheint – in all dem taucht der Prozeß auf und fordert Ihre Aufmerksamkeit.

**Im Prozeßmanagement gibt es keine Störungen, sondern nur Informationen.**

Möglicherweise paßt eine Information nicht zu meinen Plänen und stellt sie auf den Kopf. Das mag mir nicht gefallen, aber es mag genau das sein, was ich brauche, um meine Planungen zu korrigieren.

Diese Art der Bewußtheit ist alles andere als bequem. Im Gegenteil erfordert sie auch Konzentration auf das Unbequeme. Ich erinnere mich an einen IBM-Manager der mittleren Ebene, der seinem Vorstand ein Papier mit Verbesserungsvorschlägen übergab. Statt einer Diskussion bekam der Mann folgende Bemerkung zu hören:

*«Sie müssen den Vorstand ja für sehr unfähig halten, wenn Sie glauben, wir brauchen Ihre Anregungen.»*

Einige Unternehmen beschäftigen ganze Rechtsabteilungen mit der Aufgabe, Störer loszuwerden. Andere versuchen auf dem Weg über ihre Lobby, Störungen ihrer bequemen Welt zu verhindern.

Hat nicht die Autoindustrie über Einfuhrbeschränkungen versucht, die lästige Konkurrenz aus Japan loszuwerden? Statt sich einfache Prozeßfragen zu stellen wie «Was teilt sich hier mit?» – «Was haben wir übersehen?» oder «Wozu fordert uns diese Entwicklung auf?» Vielleicht hätten die Konzerne dann schon früher entdeckt, daß sie zur Produktion eines Autos fast dreimal soviel Zeit brauchen wie ihre asiatischen Konkurrenten.

**Die Wahrheit ist, wir *brauchen Störungen*, um zu bemerken, daß etwas nicht mehr stimmt und sich etwas ändern muß.**

Unser Denken und Handeln geht in eine andere, produktive Richtung, wenn wir Störungen als Chance zur Veränderung verstehen.

Wenn wir schon nicht alles zu jeder Zeit wahrnehmen können, dann brauchen wir Störungen, um auf den Prozeß aufmerksam zu werden, um aus dem Trott zu kommen, um aufzuwachen – um unseren Kontext in Frage zu stellen.

Eine wirklich prozeßorientierte Haltung gegenüber Störungen begrüßt diese und wendet sich ihnen zu. «Ah, interessant, was haben wir denn da übersehen?» Diese Form der Offenheit allein kann schon zu alternativen Verhaltensmöglichkeiten führen. Wenn beispielsweise:

- Anweisungen nicht befolgt oder hintergangen werden, kann ein Klima der Unehrlichkeit entstehen, das sich selbstverständlich störend auf die Arbeitsabläufe auswirkt. Anstatt mit Disziplinarmaßnahmen auf die «Tricks» der Mitarbeiter zu reagieren, könnte die Qualität der Anweisungen zum Gegenstand der Betrachtung gemacht werden;
- in einer Abteilung viel getratscht wird, mag sich in dieser Störung ein Bedürfnis nach Kommunikation verbergen. Möglicherweise verträgt es sich nicht mit dem Abteilungsklima, offen und ehrlich die eigene Meinung zu vertreten. Der eigene Standpunkt wird dann indirekt durch Tratsch und Klatsch mitgeteilt. Anstatt Appelle gegen Tratsch zu formulieren, könnte der Abteilungsleiter sein eigenes Verhältnis zur Offenheit reflektieren;
- der Chef geschnitten wird, mag sich hinter diesem Verhalten unausgesprochene Kritik verbergen. Anstatt mit Drohungen zu reagieren, wäre es denkbar, Kritik zu fördern, ihre Berechtigung anzuerkennen und dieses Verhalten zum Bestandteil der Firmenkultur zu machen;
- Mitarbeiter unterschwellig aggressiv gegeneinander sind, wird sich so ein Bedürfnis nach Auseinandersetzung und Klärung mitteilen. Anstatt den Konflikt unter den Teppich des Harmoniestrebens zu kehren, könnte die Auseinandersetzung offen ausgetragen werden.

Moderne Firmen haben angefangen, die Zusammenhänge zwischen Störung und Weiterentwicklung zu begreifen. So sammelt Rank-Xerox systematisch Kundenbeschwerden und nutzt diese als Informationsquellen. Früher wurden solche Beschwerden als lästig empfunden und die Kunden abgewimmelt, heute werden sie als Chance gesehen, in Übereinstimmung mit Kundenwünschen zu gelangen. Durch sie wird deutlich, was Kunden brauchen – in der Störung offenbart sich die Abweichung vom Prozeß und die Richtung seiner Entwicklung.

Störungen sind oft der Beginn neuer Entwicklungen. Wenn man sie als *Prozeßeinleitungen* sieht, werden sie interessant als Symptome möglicher Veränderungen. Wer an permanenter Veränderung interessiert ist, sollte Störungen seiner Absichten und Identität frühzeitig aufnehmen, die Information finden, die sich darin mitteilen will, und auf Entwicklungen antworten.

# Schwellen der Veränderung

*Identifikation ist ebenso notwendig wie ihre Erweiterung und Zerstörung.*

Ist Störung ein erster Versuch des Prozesses, auf sich aufmerksam zu machen, so verdichten sich diese Hinweise, sollten sie ignoriert werden, zu ernsthaften Problemen im betrieblichen Alltag. Dabei kann es sich um die unterschiedlichsten Phänomene handeln, beispielsweise um:

- Spannungen zwischen Abteilungen, Unternehmensteilen
- das Verhalten einzelner Mitarbeiter
- Orientierungslosigkeit der Geschäftsführung
- Absatzprobleme aufgrund der Unzufriedenheit von Kunden usw.

Erfahrungsgemäß werden beim Auftauchen solcher Spannungen erste Lösungsversuche unternommen, die selten zu mehr als halbherzigen Verbesserungen führen. Zu groß ist die Angst vor echten Veränderungen. Also bleiben Unternehmen erst einmal an den Schwellen der Veränderung hängen.

An diesen Hindernissen «kochen» die schwelenden Konflikte auf, verdichten sich und ziehen auf diese Weise nach und nach mehr Aufmerksamkeit auf sich.

In bezug auf Veränderung unterscheide ich drei Schwellen, die Menschen oder Organisationen überwinden müssen, wenn sie Prozesse aufgreifen und ihm folgen wollen.

## Die Erkenntnisschwelle

Vor dieser Schwelle befindet sich, wer die Bedeutung interner oder externer Entwicklungen aufgrund seines eingeschränkten Kontextes nicht erkennen kann, diese Vorgänge verharmlost und nicht ernst nimmt.

Was mag beispielsweise die Apple-Firmengründung durch die Brille der *Selbstsicherheit,* die IBM-Manager zweifellos trugen, bedeutet haben? Vielleicht «Das stellt kein Problem dar, das sind kleine Fische, wir sind nicht gefährdet»? Und wer kann sich nicht daran erinnern, wie japanische Autos zu Beginn ihres Auftauchens belächelt wurden? Welche Bedeutung mögen deutsche Manager diesen Produkten durch die Brille der «Überlegenheit» gegeben haben? Heute sind es die Japaner, die sowohl im Preis als auch in der Qualität überlegen sind und teilweise auch am Markt.

Oftmals muß man die Brille seines Kontextes absetzen und die Dinge aus einer anderen Perspektive betrachten oder eine andere Haltung einnehmen, um die Wirklichkeit – und das heißt immer die *Wirksamkeit* – einer Entwicklung realistisch beurteilen und erkennen zu können. Man muß die Dinge mit anderen Augen sehen, und das ist erfahrungsgemäß schwer.

An diesem Punkt, wenn Erkenntnis fehlt, kommt externen Beratern ein Teil der Erkenntnisaufgabe zu. Sie sind nicht mit den Strukturen des Unternehmens identifiziert und können aus der Distanz heraus klarer sehen.

Aber auch deren Erkenntnisse oder Veränderungsvorschläge verschwinden nicht selten in Schubladen – der Schuh drückt noch nicht genügend, es scheint noch Zeit zur Verfügung zu stehen, um später ...

## Die Visionsschwelle

Vor dieser Schwelle bleibt hängen, wer zwar erkannt hat, daß sich etwas ändern muß, aber Schwierigkeiten hat, sich eine Lösung, einen Ausweg oder etwas Neues wie beispielsweise ein neues Produkt vorzustellen – etwas also, das nicht seinem gewohnten Kontext entspringt.

Wer konnte sich bis vor kurzem vorstellen, daß die Arbeiter des VW-Konzerns einer Reduzierung ihrer Gehälter um 10 % und einer Viertagewoche zustimmen würden? Wer hat in der Mitte des Jahres 1989 geglaubt, daß im Herbst des gleichen Jahres die Mauer fällt? Wer das nicht konnte, und das waren wir fast alle, stand vor einer Visionsschwelle.

Sich etwas nicht vorstellen zu können, das noch nicht Wirklichkeit ist, bedeutet letztlich eine Form der Blindheit, die aus dem Festhalten an alten Überzeugungen resultiert.

- Sie können sich nicht vorstellen, daß der hohe Krankenstand im Unternehmen eine Ausdrucksform von Unzufriedenheit ist?
- Sie können sich nicht vorstellen, daß selbststeuernde Gruppen auch in Ihrem Unternehmen funktionieren?
- Sie können sich nicht vorstellen, Führungskräfte durch ihre Mitarbeiter beurteilen zu lassen?
- Sie können sich nicht vorstellen, in Ihrem eigenen Unternehmen über einen großen Pool ungenützter Ideen und nicht angewandter Verbesserungen zu verfügen?

Dann werden Sie diese Reserven nicht nutzen können. Denn wer sich etwas nicht vorstellen kann, wird auch nichts dafür tun, es zu verwirklichen. Allein deshalb wird es nicht geschehen. Wer jedoch die Visionsschwelle überschreitet, weckt seine Begeisterung für ein Ziel und relativiert auf diese Weise die Angst vor Veränderung.

## Die Handlungsschwelle

Vor der Handlungsschwelle zu stehen heißt, zwar begriffen zu haben, was falsch läuft, zusätzlich über eine Vorstellung der Lösung des Problems zu verfügen und doch vor der nötigen Handlungskonsequenz zurückzuschrecken. Die Handlungsschwelle bedeutet, sich nicht zu trauen.

Der Vorstand, der ein in Auftrag gegebenes Konzept zur Strukturveränderung in der Schublade liegen läßt, steht beispielsweise vor der Handlungsschwelle. Ebenso der Vorgesetzte, der sich bei einem Mitarbeiter für ein ungerechtes Verhalten entschuldigen müßte und das aus Stolz oder Hemmungen heraus nicht tut.

Wer lange an der Handlungsschwelle verharrt, hat noch nicht realisiert, *wie wichtig* eine Veränderung ist, *wie sehr* eine Entwicklung bereits vorangeschritten ist oder *wie wenig* Zeit noch bleibt.

Wenn absolute Sicherheit in bezug auf eine Veränderung möglich wäre, würde die Handlungsschwelle sehr niedrig sein. Aber absolute Sicherheit kann es auch bei aller Planung und Überlegung, bei allen Umfragen und Prognosen nicht geben. Ein Restrisiko bleibt. Wer weiß schon mit Sicherheit, ob sich der Schritt ins Neue als richtig erweisen wird? Nur wer sich vorbereitet, wer sich mit Erkenntnis und Vision auseinandersetzt, wird bereit sein, das Risiko der Veränderung zu übernehmen und schließlich die Handlungsschwelle zu überschreiten.

## Veränderungsprozesse

Fassen wir kurz zusammen. Aus den beschriebenen Aspekten der Veränderung läßt sich sagen, daß der *Prozeß Veränderung* drei grundsätzliche Kriterien erfüllt.

1. Er kündigt sich durch Störungen an,
2. er geschieht unabhängig von Willen und Absicht und gegen die bestehende Identifikation und schafft damit Konflikte,
3. welche die wichtigsten Hinweise zu ihrer Lösung enthalten, da sie Informationen aus dem Unbewußten des Unternehmens transportieren.

Wer also wach genug ist, diese Ankündigungen wahrzunehmen, kann auf sie reagieren, bevor er dazu gezwungen wird.

Die moderne Psychologie weiß heute, daß in der Art und Weise, wie Probleme bei Menschen auftauchen, zumeist auch ihre Lösungen verborgen liegen. Unter diesem Aspekt ist Krankheit nichts Schlechtes, sondern ein Selbstheilungs- und Veränderungsversuch.

Würden auch Unternehmer Probleme und Spannungen unter diesem Aspekt der «Selbstregulierung» betrachten, könnten sie diese bereitwilliger aufgreifen und schneller reagieren. Dann würde das Wort vom Unternehmen, das aus sich selbst lernt, wahr. Wer sich lediglich nach der alten Methode, was stört, muß weg, richtet, wer Probleme, Spannungen und Konflikte als Informationsquellen ignoriert, hat erhebliche Nachteile gegenüber prozeßorientierten Konkurrenten.

Doch eine letzte Chance bleibt auch dem größten Ignoranten, denn vernachlässigte Information geht nie völlig verloren. Sie versteckt sich im Unbewußten des Unternehmens und beeinflußt von dort aus die Planung. Wer zu lange festhält, erfährt: Das Unbewußte ist immer stärker. Es setzt sich auf Dauer durch. Der Prozeß zwingt den, der sich weigert. Dem kann niemand entgehen, die Dynamik von Veränderungen ist so beschaffen.

Wie also wird ein Unternehmen, das trotz Spannungen und Problemen zu lange an seiner Identität festhält, zu Veränderungen gezwungen?

**Die Antwort gibt die wirtschaftliche Realität der letzten Jahre: durch die Krise!**

# Sich verändern oder untergehen

*«Jedes wirtschaftliche Ökosystem durchläuft vier getrennte Entwicklungsstadien: Geburt, Wachstum (Markt- oder Branchenführung) und Selbsterneuerung oder – wenn zu Selbsterneuerung unfähig – Tod.»*[9]

Manager sind damit beschäftigt, Strukturen aufzubauen und zu erhalten. Wer in unseren Unternehmen ist eigentlich für die Zerstörung von Strukturen zuständig? Der Manager, der an seiner Identifikation festhält? Er soll zerstören, was er selbst aufgebaut hat? Er soll seine Ansichten, seine Überzeugungen, sein Verhalten, sein Image ändern?

Wie man allenthalben feststellen kann, funktioniert das mehr schlecht als recht. Da aber niemand tatsächlich oder ausdrücklich für Änderung oder im Extremfall sogar für Zerstörung zuständig ist, erledigt der Prozeß diesen Teil der Aufgabe. Er verändert das Umfeld und führt ein Unternehmen, das an seiner Sicherheit festhält, in die wirtschaftliche Krise. Drücken wir es einmal kraß aus:

**Krisen sind Korrekturmechanismen für Prozeßblinde!**

Die deutsche Autoindustrie brauchte erst eine massive Absatzkrise, bevor sie erste Versuche unternahm, den japanischen Produktivitätsvorsprung aufzuholen. An Mahnungen hatte es sicher nicht gefehlt, aber die Manager gaben sich zufrieden mit dem, was sie hatten.

Dieser Kontext der «Gleichgültigkeit» internationalen Entwicklungen gegenüber ist der wirkliche Verursacher der Absatzkrise. Man muß sich nur vor Augen halten, daß VW selbst mit seinem Verkaufsrenner Golf keine Gewinne machen kann, weil die Produktivität des Unternehmens zu gering ist!

Wir können das Phänomen Krise also durchaus positiv sehen. In der Krise werden Entwicklungen so deutlich, daß sie nicht länger übersehen werden können. Die Dringlichkeit der Situation ist nicht länger zu leugnen. Dadurch wird die Erkenntnisschwelle übersprungen, und es werden ungeahnte Kräfte mobilisiert. Die Handlungs- und Veränderungsbereitschaft wächst, denn man erkennt, daß das Überleben des Unternehmens gefährdet ist.

Es ist überaus interessant zu sehen, wie eine Krise alte Denk- und Handlungsmuster aufbricht. Auch sehr grundsätzliche Glaubensbekenntnisse werden in Frage gestellt. Können wir tatsächlich immer mehr Freizeit haben? Wird das Wachstum zu einem Ende kommen? Können wir unsere Arbeitszeiten so beibehalten? Müssen wir die Ladenschlußzeit aufheben? Können wir unsere Besitzstände wahren?

**Die Krise scheint die bisher einzig zuverlässige Möglichkeit zu sein, einen alten Kontext zu verlassen.**

Krisen sind Reinigungsvorgänge auf der Kontextebene. Krisen geschehen nicht einfach. Firmen produzieren sie zu einem guten Teil selbst. In den fetten Zeiten setzen sie Speck an und verlieren Kondition. Eigentlich käme es darauf an, sich permanent zu verändern, sich zu ändern, bevor die Krise entsteht. Aber durch die Brille der Gleichgültigkeit oder Zufriedenheit, Selbstgefälligkeit oder Sicherheit zeigt sich die Welt nicht, wie sie wirklich ist, sondern wie man sie sehen will oder wie sie einmal war.

Die Krise bricht die Identifikation des Unternehmens auf und wirft es über die drei Schwellen der Veränderung, an der es so lange verharrte.

«Plötzlich» wird etwas klar und damit die Erkenntnisschwelle genommen, die Visionsschwelle wird leicht überwunden und die Handlungsschwelle entschieden überschritten. Alte Überzeugungen, an denen zu lange festgehalten wurde, werden über Bord geworfen und durch neue Glaubenshaltungen ersetzt. Handlungen werden möglich, die zuvor jenseits jeder Vorstellung lagen. So erhöht eine Krise die Bereitschaft zur Reflektion und schafft Raum für neue Handlungsmöglichkeiten.

Natürlich zahlt jedes Unternehmen für diesen erzwungenen Weg der Veränderung einen Preis, denn ist es einmal in die Krise geraten, genügt es nicht, Löhne zu kürzen, Arbeitszeiten zu verlängern, Lieferanten unter Druck zu setzen und anderes mehr. Dann werden Mitarbeiter entlassen, die zuvor mit erheblichem Aufwand eingestellt wurden, Vertrauen geht verloren, das über Jahre aufgebaut wurde, Produktlinien werden beschnitten, in deren Entwicklung viel Energie und Geld gesteckt wurde, Umsatzeinbußen werden hingenommen, Unternehmensteile veräußert, die für teures Geld erworben wurden usw.

Doch wer auch durch die Krise noch nicht aufwacht, wer sich dann immer noch nicht ändern will, geht schließlich unter. Es war sicher nicht allein Michail Gorbatschows Erkenntnis, die er kurz vor dem Fall der Mauer aussprach: «Wer zu spät kommt, den bestraft das Leben.» Diese Erkenntnis läßt sich ohne jede Einschränkung aus der Politik in die Wirtschaft übertragen. Die permanente Botschaft des Prozesses an die Unternehmen lautet:

**Verändert euch oder geht unter!**

Dem wird sicher jeder Politiker und Manager zustimmen. Aber leider nur theoretisch. Denn die Identifikation mit den gewachsenen Strukturen ist oft so stark, daß Veränderung zu lange hinausgeschoben wird und dann über das Bewußtsein hereinbricht, wie es beispielsweise beim Zusammenbruch der DDR oder des Warschauer Paktes geschah. In der Praxis suchen auch Manager, wie andere Menschen auch, vor allem Beständigkeit und Sicherheit. Wir alle kennen solche Äußerungen:

«Das ist jetzt so beschlossen, und so wird es gemacht.»
«Der Vorstand will es eben so, was bleibt uns übrig?»
«Wer weiß, was dabei herauskommt.»
«Wir sehen keinerlei Handlungsbedarf.»
«Wir haben ja noch Zeit.»

Veränderung macht Angst. Veränderung bedeutet, jemand anderes zu werden als der, der man ist. Wer werden wir sein? Was wird geschehen? Wohin wird das führen? Wie werden die Kollegen reagieren? Wie der Markt? Wir warten.

## Troubleshooter und Gestalter

Dann kommt die Krise und mit ihr die Troubleshooter zum Zuge. Leider bieten Krisen wenig Spielraum für Gestalter. Sie machen Manager zu hektisch reagierenden Teilen des Veränderungsprozesses, den sie übersahen und dem sie jetzt ausgeliefert sind. Troubleshooter sind die denkbar letzte Lösung.

Die Zukunft gehört meiner Meinung nach den Gestaltern, Managern, die an Prozessen orientiert sind. Manager, für die Veränderung und nicht Stabilität alltäglich ist. Manager, die ich als Prozeßmanager bezeichne.

# Prozeßmanagement contra Situationsmanagement

*«Ein bewußtes Management of change ist nicht Bestandteil des klassischen Geschäftsmanagements. Die Belange klassischer Manager waren zuerst und hauptsächlich auf Profit und Wachstum ausgerichtet.»*[10]

Wir sind soweit in der Beschreibung von Prozeßdenken und kontextabhängiger Wahrnehmung fortgeschritten, daß ich in diesem Kapitel den «Prozeßmanager» dem «Situationsmanager» gegenüberstellen möchte. Natürlich ist dies eine theoretische Gegenüberstellung. Man kann nicht absolut den einen oder anderen Managertypus verkörpern. Der Sinn dieser Gegenüberstellung könnte unter anderem sein, eine größere Bewußtheit darüber entstehen zu lassen, wann wir uns situativ und wann prozeßbezogen verhalten.

**Erneuern**
Der Prozeßmanager versucht, zu verändern oder zu erneuern. Er ist an Entwicklung und Wandel interessiert.

**Erhalten**
Der Situationsmanager versucht, zu erhalten oder zu verbessern. Er ist an Kontrolle und Sicherheit orientiert.

**Sinn**
Der Prozeßmanager macht Filme, erfaßt Vorgänge, sucht Antworten auch auf Informationen, die scheinbar keinen Sinn ergeben.

**Bestätigung**
Der Situationsmanager macht sich ein Bild der Lage und reagiert dann auf sein eigenes Bild. Er blendet Informationen aus, die nicht in sein Bild passen.

**Offenheit**
Der Prozeßmanager sucht nach seiner Abweichung vom Prozeß und versucht, sich in Übereinstimmung mit dem Prozeß zu bringen. Er heißt Störungen als Informationsquellen willkommen.

**Distanz**
Der Prozeßmanager hat Distanz zum «Ich», weil die Kamera auf der Suche nach Information alle Winkel des Raumes abgebildet hat und von verschiedenen Menschen bedient wurde. Er kann sich selbst im Film betrachten, da auch er gefilmt wurde.

**Achtung und Respekt für andere**
Für den Prozeßmanager ist ein Unternehmen ein ganzheitliches Gebilde, in dem alles mit allem verbunden ist, jeder wichtig ist und unabhängig von seiner Position oder Aufgabe einen Beitrag zum Ganzen geben kann. Er sieht sich als Koordinator der im Unternehmen vorkommenden Ressourcen und gibt Menschen und ihren Fähigkeiten Raum, sich zu entfalten.

**Kontexttäter**
Der Prozeßmanager gestaltet seine Realität, indem er Überzeugungen auf ihre Wirksamkeit überprüft und nach ihrer Wirkung auswählt.

**Sicherheit**
Der Situationsmanager versucht, den Prozeß an sich und seine Vorstellungen anzupassen. Er ignoriert Störungen und Störer oder versucht, sie loszuwerden.

**Identifikation**
Der Situationsmanager kann sich auf seinem Foto nicht selbst entdecken, denn er bedient den Fotoapparat und gibt ihn nicht aus der Hand. Demzufolge sieht er nur die anderen, nicht aber seinen eigenen Anteil an der Situation.

**Selbstüberschätzung**
Der Situationsmanager erfaßt das Unternehmen in voneinander getrennten Teilen, die kontrolliert und gelenkt werden müssen. Er selbst ist die «Führungskraft», die weiß, wo es lang geht, und ist davon überzeugt, daß es klappt, wenn die anderen ihm nur folgen.

**Kontextopfer**
Der Situationsmanager ist Opfer von Wirklichkeiten, die er unbewußt und ungewollt selbst gestaltet hat. Er ist Opfer seines Unbewußten.

Soweit die gröbsten Unterscheidungsmerkmale zwischen dem, was ich die alte und neue Form des Managements nennen möchte. Lassen Sie mich einige Beispiele aus der Praxis aufführen, die zugleich zeigen, wie sehr Manager noch mit dem Alten identifiziert sind und wie sehr das Neue gebraucht wird.

*Fortbildung*

Ein Manager nahm Kontakt mit mir auf, weil «meine Leute mal wieder einen Kick brauchen». Er wollte ein Führungstraining und erwartete von mir:
«*Bringen Sie die Leute richtig in Schwung!*»
«*Und Sie?*»
«*Wieso ich?*»

Auch hier schießt der Situationsmanager ein Foto: meine Leute brauchen Fortbildung, meine Leute müssen auf Trab gebracht werden, aber ICH brauche keine Fortbildung, ich bin auf Trab. Er hat die Kamera in der Hand und taucht deshalb im Prozeß der *Zusammenarbeit* nicht auf.

Ein Prozeßmanager würde sich fragen, wieso seine Leute unmotiviert sind, was er dazu beigetragen hat und was er selbst lernen muß, um bessere Ergebnisse zu erzielen.

*Powern*

Ein anderer Situationsmanager wollte mich davon überzeugen, daß die Umsätze einer neu eingerichteten Filiale
«*nicht in Gang kommen, weil da zu wenig Power drin ist*».

Er wollte mehr Druck machen. Im gleichen Gespräch beschwerte er sich darüber, daß
«*in dem Laden hier nichts ohne Druck läuft. Wenn ich nicht Power mache, bewegen sich die Leute nicht.*»

«*Anscheinend brauchen Sie solche Leute, damit Sie weiter der Powertyp sein können. Sie gefallen sich in dieser Rolle. Leute, die drücken wollen, ziehen Leute, die sich drücken lassen wollen, an*», gab ich ihm zu bedenken. Das Problem dieses Managers war das Problem aller Situationsmanager. Er konnte den Prozeß nicht erfassen, an dem er beteiligt war, und lediglich die Situation sehen, und die haben immer «die anderen» verursacht.

*Krankenstand*

Vor kurzem forderten führende Politiker, den Krankenschein schon am ersten Tag einer Krankmeldung zur gesetzlichen Pflicht zu machen.

Nun – das ist ein aktuelles und zugleich extremes Beispiel für Situationsmanagement. Wie ignorant muß man sein, so etwas zu fordern? Für wie dumm muß man Arbeiter und Angestellte halten? Diese Politiker haben keine Vorstellung davon, daß Menschen im Erfinden und Vortäuschen von Krankheiten genau so kreativ sein können, wie sie selbst es sind, wenn sie ihre persönlichen Interessen hinter großen Worten tarnen.

Selbst Ärzte halten nichts von diesem Vorschlag. Ein Arzt, dessen Namen ich vergessen habe, meinte im Fernsehen dazu:

*«Es bleibt uns dann nichts anderes übrig, als die Leute eine ganze Woche krank zu schreiben, damit wir Zeit haben, unsere Diagnose zu überprüfen und abzusichern.»*

Der Schuß der Situationsmanager wird also nach hinten losgehen. Die Leute werden sich noch mehr krankschreiben lassen, die Abwesenheitsquote wird steigen, die Situation sich zuspitzen.

Wie würde ein Prozeßmanager mit der Situation des hohen Krankenstandes umgehen? Er würde sie zuallererst als Information sehen. «Ah – interessant, 8 % der Leute sind krank.» Er würde fragen: «Wie kommt es dazu?», «Was teilt sich uns da mit?», «Was haben wir übersehen?» und «Was können wir besser machen?» Er würde entdecken, daß, wie ein befreundeter Arzt mir versicherte,

*«sich die meisten Leute krank schreiben lassen, um dem Unternehmen etwas heimzuzahlen, um gegen ihre Machtlosigkeit anzugehen».*

Er würde bei seiner Suche nach dem Prozeß auf Unzufriedenheit treffen, auf Tabus in der Kommunikation, auf Sanktionen gegenüber denjenigen, die abweichende Meinungen vertreten, auf verbreitete Lustlosigkeit an einer Arbeit, die wenig Raum für Initiative und Selbstverantwortung läßt.

Er würde schließlich den Prozeß entdecken, der lautet *Druck erzeugt Gegendruck,* und wissen, daß er gegen diesen Prozeß machtlos ist. Er würde darüber hinaus sogar entdecken, daß er selbst ein Pol des Vorgangs ist, und sich fragen: «Wo mache ich ungerechtfertigt Druck? Was übersehe ich? Wie nehme ich den Mitarbeitern die Freude an der Arbeit?» Und schließlich würde er sich fragen: «Was brauchen die Menschen, damit sie gerne arbeiten?» Dann befände er sich in Übereinstimmung mit fortschrittlichen, prozeßorientierten Unternehmern, die sagen:

*«... und konzentrieren Sie sich auf die Gestaltung einer Organisation, der das Schwierigste überhaupt gelingt: daß Menschen am Morgen gern zur Arbeit gehen.»[11]*

*Kommunikation*

Eine Abteilungsleiterin arbeitete in ihrer Freizeit einen Vorschlag zur Verbesserung der Kommunikation zwischen Geschäftsleitung und mittlerem Management aus. Vom Geschäftsführer bekam sie zu hören:

*«Machen Sie erst einmal die Arbeit, für die Sie hier eingestellt wurden, und zerbrechen Sie sich nicht anderer Leute Köpfe.»*

Ja, warum eigentlich? Ein Prozeßmanager würde sich fragen: «Wie kommt diese Frau darauf? Wieso macht sie sich Gedanken darüber? Was ist dran? Was teilt sich mir da mit? Was bedeutet es, daß sie ihren Bereich nicht gut macht, aber an Kommunikation interessiert ist? Ist sie nicht genügend ausgebildet oder arbeitet sie am falschen Platz? Wäre sie an anderer Stelle besser eingesetzt?»

Solche Beispiele ließen sich endlos fortführen. Sie zeigen: Prozeßmanagement steht erst am Anfang seiner Entwicklung. Das soll nicht bedeuten, daß das völlige Ende situativen Managements gekommen ist. Es kann bei der Bewältigung von Aufgaben helfen, die keine gravierenden Veränderungen erforderlich machen. Wahrscheinlich jedoch wird die Zukunft nur wenige solcher Aufgaben übriglassen.

# Die Anwendung des Kontext-Modells

*Die Veränderung einer Realität geschieht durch die Veränderung des Kontextes, der ihr zugrunde liegt.*

Aufgabe des Prozeßmanagers ist es, die Notwendigkeit von Veränderung frühzeitig zu erkennen und rechtzeitig einzuleiten. Dazu braucht er Werkzeuge; und die sind Thema dieses Kapitels.

Normalerweise denken Menschen über Realität nicht nach, sondern gestalten ihre Wirklichkeit aus der Identifikation mit einem unbewußten Kontext. Dann nehmen sie die Ergebnisse als gegebene Wirklichkeit hin und übersehen dabei, daß sie selbst es so gemacht haben, wie es ist. Doch wenn wir unsere Wirklichkeit auf jeden Fall und immer konstruieren, dann können wir sie auch verändern. Dazu läßt sich das Kontext-Modell auf ganz praktische Weise nutzen – zum einen zur Reflektion von gegenwärtigen Situationen, zum anderen zur gezielten Gestaltung von neuen Wirklichkeiten. Ich möchte beide Möglichkeiten nacheinander demonstrieren.

## Die EVÜK-Reflektion

Was tun wir? Welchen Überzeugungen folgen wir? Aus welchem Kontext nehmen wir wahr? Stimmt unser Handeln mit dem Prozeß überein?

Das sind überaus wichtige Fragen, wenn es um Veränderung geht. Um hierüber Klarheit zu schaffen, kann es eine große Reflektionshilfe sein, die EVÜK-Formel anzuwenden. Dabei durchlaufen wir die Stufen von der jeweiligen Realität über unser Verhalten und die dahinterstehenden Überzeugungen zum Kontext hin rückwärts. Die Abfolge der Reflektion ist:

Ergebnis:
Verhalten:
Überzeugung:
Kontext:

Ein besonderer Aspekt der EVÜK-Reflektion ist, daß dabei Überzeugungen deutlich werden. So seltsam das klingen mag, aber in meiner fast zwanzigjährigen Arbeit mit Menschen ist mir klar geworden, daß *die Menschen sich meist der Überzeugungen nicht bewußt sind, auf denen ihr Verhalten beruht.*

Also tun wir etwas, ohne zu wissen, warum und wo heraus wir es tun, ob unsere Annahmen richtig oder falsch sind. Nun ein Beispiel dazu, wie ein Manager einen alltäglichen Vorfall mit Hilfe der EVÜK-Formel aufarbeiten kann.

Ergebnis:      Streit mit einer Mitarbeiterin
Verhalten:     Ich habe ihr Vorwürfe gemacht
Überzeugung:   Ich glaube, sie ist an ihrer Arbeit nicht interessiert
Kontext:       Mißtrauen

Ist das Verhalten des Chefs gerechtfertigt? Ist seine Überzeugung wahr? Ist er sich über seinen Kontext dieser Frau gegenüber im klaren?

Möglicherweise hat der Chef recht, dann sollte er sein Mißtrauen jedoch offen aussprechen und auf die Ursachen eingehen. Ist er nicht im Recht, kann er durch die EVÜK-Reflektion sein Verhalten und seine Ursachen erkennen und seinen Kontext überprüfen.

Ich möchte die praktische Nutzung der EVÜK-Formel an einem weiteren Beispiel aus der Mitarbeiterführung demonstrieren, das mir in der Coachingpraxis begegnete.

*Ergebnis*

Eine störende Realität in der Abteilung eines Unternehmens war der seit langem schwelende Konflikt zwischen dem Bereichsleiter und einem seiner Gruppenführer. Die Spannung wirkte sich nicht nur negativ auf die Arbeitsatmosphäre aus, sie hatte aufgrund mangelhafter Kommunikation schon wiederholt zu Fehlentscheidungen beigetragen.

*Verhalten*

Die Auseinandersetzungen spitzten sich über Monate zu und erreichten ihren Höhepunkt, als der Bereichsleiter seinen Mitarbeiter «vor versammelter Mannschaft» abkanzelte. Dabei wurde er laut und auf eine sehr persönliche Weise verletzend und beleidigend. Anlaß für dieses Verhalten war die Weigerung des Gruppenleiters, einer Weisung seines Vorgesetzten sofort und unwidersprochen zu folgen.

*Überzeugungen*

Nachdem er, nicht zuletzt aufgrund kritischer Bemerkungen der übrigen Mitarbeiter, seinen emotionalen Ausbruch bereute, kam der Chef zum Coaching. Ich stelle ihm eine der sinnvollsten Fragen, die ich in diesem Zusammenhang kenne:
*«Welche Überzeugung machte Ihr Verhalten notwendig?»*

Er zögerte einen kurzen Augenblick und antwortete dann wie aus einer Pistole geschossen:
*«Ich kann doch eine Arbeitsverweigerung nicht durchgehen lassen. Ich mußte mal deutlich auf den Tisch hauen!»*
*«Da haben Sie sicher recht. Was würde denn geschehen, wenn Sie so etwas durchgehen ließen?»*, wollte ich wissen.
*«Dann würde morgen jeder nur noch machen, wozu er Lust hat, und allen Vorgesetzten auf der Nase rumtanzen»*, war seine spontane Antwort.
*«Und was würde passieren, wenn jeder nur noch macht, was er will?»*, beharrte ich.
*«Dann würde die Firma zusammenbrechen!»*, konterte er.
*«Ah, ich verstehe! Sie mußten den Mann vor versammelter Mannschaft runtermachen, sonst wäre die Firma zusammengebrochen!»*, rief ich zustimmend.

Jetzt stutzte der Manager. Er besann sich und fing zu lächeln an. Alternativen tauchten auf.
*«Na ja, ich hätte ihn auch unter vier Augen sprechen können. Oder…»*

*Kontext*

Jetzt können wir das Verhalten des Bereichsleiters besser verstehen. Die Überzeugung «Man will mir auf der Nase rumtanzen» hatte sein extremes Verhalten bestimmt. Ganz offensichtlich fühlte er sich durch den konfliktbereiten Gruppenleiter bedroht und in seiner Autorität verunsichert. Möglicherweise beruhte seine Autorität mehr auf seiner Position in der Firmenhierarchie als auf menschlicher Kompetenz.

Um es ganz exakt auszudrücken, hat der Bereichsleiter die Ereignisse im Kontext von *Bedrohtheit* aufgenommen. Er hatte schlicht und einfach Angst vor Autoritätsverlust. Paradoxerweise ist gerade das durch seine überzogene Reaktion eingetreten, wie die Reaktion der übrigen Mitarbeiter zeigt.

Ein praktisches Ergebnis aus der Lektüre dieses Buches könnte darin bestehen, den EVÜK-Prozeß nachzuvollziehen und so Kontextarbeit auf sich selbst, auf menschliche Beziehungen und das eigene Unternehmen anzuwenden. Ich möchte daher die Anwendung dieser Reflexionsmöglichkeit anhand eines weiteren Beispiels demonstrieren.

Teil einer sich zuspitzenden Entwicklung war der zunehmende Warenschwund im Lager eines Unternehmens. Die Firma hat zur Regulation zusätzliche Druck- und Überwachungsmittel eingesetzt, damit aber keine meßbaren Erfolge erzielen können. Gehen wir nun, ausgehend vom Ergebnis, auf die Suche nach dem Kontext, der an der Entstehung des Warenschwundes beteiligt sein muß.

Ergebnis: Die zusätzlichen Druckmittel führten zur Verärgerung bisher zuverlässiger Mitarbeiter, während die unzuverlässigen Wege um die Kontrolle herum fanden. Die Kluft zwischen «oben» und «unten», zwischen denen, die kontrollieren, und denen, die kontrolliert werden, verbreiterte sich.
Verhalten: Verschärfen der Kontrollen.
Überzeugung: Welche Überzeugung machte die Kontrollen nötig? Die Überzeugung wurde von einem Geschäftsführer ausgerechnet am Rande einer Betriebsversammlung geäußert: «Die meisten Mitarbeiter klauen!»
Kontext: Mißtrauen, Überheblichkeit (die da unten klauen), Getrenntheit.

Soweit ist der Kontext isoliert. Zentral ist die Frage: Sind die Überzeugungen, aufgrund derer die Kontrollen verschärft wurden, wahr? Sind die Leute zu gierig? Wollen sie die Firma ausnehmen? Klauen alle? Oder haben Manager durch ihr eigenes Verhalten den Ärger der Leute heraufbeschworen? Haben sie es versäumt, eine entsprechende Identifikation mit dem Unternehmen aufzubauen, aus der heraus Diebstahl sinnlos wird? Und wie verhalten sie sich dazu, daß durch die Verschärfung der Kontrollen die Arbeitsatmosphäre noch schlechter wurde.

Im Detail betrachtet zeigte sich dann, daß ein jahrelang praktiziertes, überhebliches Verhalten den Mitarbeitern gegenüber tatsächlich zu einer deutlichen Verärgerung geführt hatte. Die Mitarbeiter wurden einfach schlecht behandelt, und eine ganze Reihe davon rächte sich durch Diebstahl. Andere, die zusahen und schwiegen, zahlten es dem Management auf diese Weise heim. Ich komme weiter unten noch einmal auf dieses Beispiel zurück, wenn es darum geht, die Realität «Warenschwund» auf andere Weise zu verändern als durch «Kontrolle».

Ein weiteres Beispiel aus der Praxis könnte der Umgang mit Qualitätskontrolle sein. Der Aufwand an der Endkontrolle stellte sich, wie in den meisten Produktionsbetrieben, in einer Firma als zu hoch heraus. Analysieren wir zuerst die Situation.

| | |
|---|---|
| **E**rgebnis: | Geringe Qualitätsdichte und hohe Kosten durch Endkontrolle. |
| **V**erhalten: | Die Produkte werden am Ende ihrer Montage von einer Arbeitsgruppe kontrolliert. |
| **Ü**berzeugung: | Die Leute können das nicht selbst, sie müssen kontrolliert werden. |
| **K**ontext: | Mißtrauen, Getrenntheit. |

Auch dieses Beispiel werde ich weiter unten im Hinblick auf Veränderungsmöglichkeiten noch einmal aufgreifen.

Durch die einfache Formel EVÜK wird eine sinnvolle Reflektion jeder Situation möglich. Sie können dabei betriebliche oder private Situationen zum Anlaß nehmen. Eine Managerin, die mit ihrem sechsjährigen Sohn Probleme hatte, wollte ein privates Problem besser verstehen.

| | |
|---|---|
| Realität: | Mein Sohn tanzt mir auf der Nase herum. |
| Verhalten: | Ich kann mich nicht gegen ihn wehren, verbiete ihm Dinge, setze mich dann aber nicht durch. |
| Überzeugung: | Er sieht mich schon so wenig, da muß ich doch nachsichtig mit ihm sein, darf nicht so streng sein. |
| Kontext: | Nachgiebigkeit und Inkonsequenthheit aus Schuldhaftigkeit heraus. |

Über einen längeren Zeitraum und auf eine Vielzahl von Situationen angewandt, bringt das Kontext-Modell mehr Bewußtheit in Verhalten und Überzeugungen. Es verspricht keine «schnellen» Lösungen und enthält keine Tips oder Tricks. Um ehrlich zu sein, halte ich auch nicht allzuviel von Ratschlägen. Dazu habe ich zuviel Respekt vor den Fähigkeiten der Leute. Was die Leute brauchen, ist kein Rat, sondern Abstand zu ihrem Verhalten und ihren Überzeugungen. Wichtiger als Tips zu bekommen ist es, wenn jemand reflektiert, über eine Sache anders nachdenkt und sie *in einem anderen Licht* sieht. So taucht von selbst die richtige Lösung auf.

Eine Möglichkeit, Realität zu verändern, besteht also darin, zu erkennen, welcher Kontext sie hervorgebracht hat. Wer dies macht, wird seine Überzeugungen erkennen und demzufolge seine Handlungen auch besser wählen können. Doch wenige Menschen wählen. Weil wir nicht genug reflektieren. Weil wir zwar überlegen, was wir tun, aber nicht, WO HERAUS und WOZU wir es tun.

Wertvolle Fragen zur Reflektion nach der EVÜK-Formel sind:

*Ergebnis/Realität:*

– Mit welcher Situation oder mit welcher Realität sind wir unzufrieden?
– Was geschieht ganz genau?

*Verhalten:*

– Wie verhalten wir uns? Was tun wir genau?
– Zu welchem Verhalten fühlen wir uns gezwungen?
– Was, glauben wir, tun zu müssen, um ... zu verhindern?
– Was, glauben wir, ist nicht möglich? Was schließen wir aus?

*Überzeugung:*
- Welche Überzeugung macht dieses Verhalten notwendig/erforderlich?
- Wessen glauben wir, ganz sicher zu sein?
- Was stellen wir nicht in Frage?

*Kontext:*
- Was macht uns Sinn? Wie deuten wir? Wie bewerten wir die Vorgänge? Was ist die Brille, die wir tragen?
- Welche Haltung nehmen wir ein?
- Wo heraus handeln wir? Aus welchem Kontext nehmen wir die Dinge wahr?
- Könnte ein anderer Kontext einen anderen Sinn ergeben? Was würden wir dann tun?

Ich habe Manager erlebt, die viele Tage hektischer Aktivität auf die Lösung eines Problems verschwendeten, das schließlich durch dreißig Minuten entspannter Reflektion gelöst wurde. Sie versuchten, Probleme zu lösen, die sie in ihren Zusammenhängen noch gar nicht erfaßt hatten.

Reflektion kann eine der wirklich sinnvollen Gewohnheiten werden. Eigentlich stellt sie eine der echten Managementaufgaben und sollte vielleicht mehr Beachtung finden, als das sogenannte Tagesgeschäft es tut. Der wichtigste Effekt einer Reflektion besteht zweifellos in der Verlangsamung des Denkens und Betrachtens.

Verlangsamung ist der wichtigste Faktor, um aus automatischen/unbewußten Reaktions- und Verhaltensmustern auszusteigen.

# KÜVE – Wo heraus wollen wir gestalten?

Ist der Kontext identifiziert, der eine unliebsame Realität herbeigeführt hat, kann man auf die Suche nach Alternativen gehen. Diese zweite konkrete Möglichkeit, das Kontext-Modell zu nutzen, besteht in der bewußten Planung einer gewünschten Realität durch Auswahl des ihr zugrundeliegenden Kontextes.

Greifen wir an dieser Stelle die oben aufgeführten Beispiele wieder auf. Wie könnte die Realität «Sinken des Warenschwundes» herbeigeführt werden, wenn das Steigen des Warenschwundes aus einem Kontext von Mißtrauen hervorgerufen wurde? Oft wird ein gegenteiliger Effekt erzielt, indem man einen entgegengesetzten Kontext zum bisher angewandten herstellt. Versuchen wir das.

| | |
|---|---|
| Kontext: | Offenheit, Verständnishaftigkeit. |
| Überzeugung: | Die Leute werden einen Grund haben, sich so zu verhalten. Niemand stiehlt ohne Not, selbst wenn diese Not nicht materieller, sondern psychischer Natur ist. |
| Verhalten: | Eine Fehlersuche wird eingeleitet. Ein Ergebnis ist die Erkenntnis, daß die Not der Mitarbeiter aus ihrer Unzufriedenheit mit den innerbetrieblichen Umgangsweisen besteht. Durch den beginnenden Meinungsaustausch entsteht Kontakt zwischen den Mitarbeitern verschiedener Hierarchieebenen. Unzufriedenheiten werden ausgesprochen, Lösungsmöglichkeiten diskutiert und eingeleitet. |
| Ergebnis: | Warenschwund geht zurück. |

Somit ist deutlich, welchen Kontext das Management einnehmen sollte, will es den Warenschwund in den Griff bekommen. Sicher muß es dazu seine Haltung der Überheblichkeit aufgeben. Wie ein Mitarbeiter von «unten» richtig bemerkte, «klauen die oben auch». Das Management ist nicht besser als die anderen Mitarbeiter, auch in seinen Reihen wird betrogen, geschoben, geschmiert und veruntreut.

Natürlich wird es für die Geschäftsleitung nicht leicht sein, den Kontext «Vertrauen» und «Offenheit» aufrechtzuerhalten. Gelingt es ihm aber, wird sich ein positives Ergebnis als Resultat fairer Umgangsformen einstellen.

Kommen wir nun zum zweiten oben aufgeführten Beispiel, dem Fall der Qualitätskontrolle, das besonders leicht nachzuvollziehen ist, weil es inzwischen eine Reihe von Firmen gibt, die hier mit der Änderung ihrer Haltung hervorragende Erfahrungen gemacht haben. Hier war der Kontext «Mißtrauen», aus dem heraus viele Firmen dieses Instrument einführten. Der gegenteilige lautet:

Kontext: Vertrauen, Verantwortlichkeit.
Überzeugung: Die Leute sind in der Lage, sich selbst zu kontrollieren.
Verhalten: Suche nach Gründen für die schlechte Qualität. Diskussion mit den Mitarbeitern, gemeinsame Suche nach Lösungsmöglichkeiten. Verlagerung der Kontrolle an den Arbeitsplatz, Einführung von Quality-Reports, Veröffentlichung der Ausschußquoten.
Ergebnis: Die Ausschußproduktion sinkt, weil die Leute besser arbeiten.

Die Praxis zeigt, es geht, es gibt Firmen, die konsequent auf der Grundlage veränderter Haltungen gegenüber ihren Mitarbeitern arbeiten. Ich kann sie hier nicht aufführen, aber in einigen interessanten Büchern werden sie beschrieben.[12]

Wahrscheinlich ist das Management endgültig reif für eine grundlegende geistige Erneuerung. Werkzeuge wie das Kontext-Modell und seine praktische Anwendung durch die Formeln KÜVE und EVÜK können als effektive Werkzeuge zur Veränderung betrachtet werden, denn sie bringen Aufmerksamkeit auf die Metaebene, auf die Ebene also, auf der sich die Entwicklung des Bewußtseins vollzieht.

**Die konsequente Handhabung von Metafähigkeiten wird in Zukunft dazu beitragen, einen Wettbewerbsvorsprung zu erreichen. Denn es genügt nicht mehr, bloß zu managen – wir müssen den Kontext wählen, aus dem heraus wir managen.**

# Haltungen

*«Während sich das strategische Management primär auf den Erfolg von Methoden verläßt, vertraut die evolutionäre Führung auf einen Wandel des Bewußtseins.»*[13]

Von der Metaebene aus, der Erkenntnis- oder Bewußtheitsebene, lassen sich jene Haltungen identifizieren, die unzeitgemäß geworden sind, und gleichzeitig werden diejenigen Kontexte deutlich, auf deren Entwicklung es jetzt ankommt und welche die Qualitäten eines Prozeßmanagers ausmachen.

## Kontext Getrenntheit/Verbundenheit

Bisher spielte sich «Produzieren» vorwiegend in einem Kontext der Getrenntheit ab. Es gab Besitzer/Manager auf der einen und Angestellte/Arbeiter auf der anderen Seite; und die Interessen dieser Gruppen standen sich gegenüber. Entsprechend diesem Kontext von Getrenntheit entwickelten sich die bekannten Arbeitsstrukturen.

Heute reicht es nicht mehr aus, den Arbeiter als bloße Funktion zu sehen und zu behandeln. Der Mensch als Mitarbeiter, sein Engagement, seine Kreativität, sein unternehmerisches Potential, seine Bereitschaft, mitzudenken und Verantwortung zu übernehmen, werden gebraucht, und dieser Typ des Mitarbeiters entfaltet sich nur in einem Kontext größerer Verbundenheit.

Die Entwicklung dieses im *Prozeßmanagement* zentralen Kontextes von Verbundenheit ist ein Lernprozeß, in dem sich auch die oberen Managementebenen verändern müssen, denn nicht nur was entschieden wird, sondern auch die Art und Weise, in der es entschieden wird, spielt eine zunehmend wichtige Rolle.

Eine bestimmte vom Management getroffene Entscheidung mag richtig sein, aber die Art und Weise, in der sie getroffen und präsentiert wird, mag beispielsweise aus einem Kontext der Getrenntheit kommen, weil sie mit den betroffenen Mitarbeitern nicht besprochen, sondern von oben «angeordnet» wurde und weil deshalb versucht wird, sie «durchzusetzen». Diese Vorgehensweise allein schon kann zu ihrem Scheitern führen.

Ein Beispiel hierzu war die Einführung von Profit-Centern in einer Werbeagentur aufgrund eines Geschäftsführerbeschlusses. Die Mitarbeiter äußerten sich kritisch.

*«Jetzt nimmt die Zusammenarbeit im früheren Team ab.»*
*«Warum glauben Sie das?»*
*«Wir werden doch keine Ideen an andere weitergeben und die kassieren dann dafür.»*

Dieses Beispiel zeigt klar, daß nicht nur das Was, sondern auch das Wie von Veränderung ein große Rolle spielt. In diesem konkreten Fall hatte sich am Kontext nichts geändert. Früher bekamen die Angestellten Entscheidungen vorgesetzt; und jetzt ist das noch immer so. Der Inhalt der Entscheidung ist dabei sekundär. Es hat keine Kontextänderung stattgefunden, und so wird auch die gewünschte Veränderung der Realität nicht stattfinden.

Der Sozialismus ist gescheitert, jedoch nicht, weil er «an sich» schlecht wäre, sondern weil er verordnet wurde, ohne daß die Menschen einen Kontext von «Gleichheit» oder «Gemeinsamkeit» entwickelt hatten. Auch Demokratie will entwickelt und kann nicht verordnet werden, wie etliche Beispiele aus ehemaligen Kolonien zeigen.

Ähnliche Erfahrungen können Firmen machen, die per Vorstandsbeschluß japanische Produktionsweisen einführen wollen. Weder Lean-Management noch Qualitäts-Zirkel können per Beschluß eingeführt werden.

*Das Funktionieren neuer Produktionsweisen und das Arbeiten in neuen Strukturen erfordert veränderte Kontexte von «Verbundenheit», «Verantwortlichkeit» und «Selbstbestimmtheit» mit den dazugehördenden Denk- und Handlungsmöglichkeiten, die in jedem Fall vom Unternehmen und seinen Mitarbeitern erst entwickelt werden müssen.*

Unternehmer wollen in vielen Fällen ernten, aber keinen Baum pflanzen. Einen neuen Kontext schüttelt niemand aus den Ärmeln, er will tatsächlich aufgebaut und vorgelebt werden, und er entsteht, indem man ihn anwendet. Was aber immer noch zumeist angewandt wird, ist ein Kontext der Getrenntheit:

*«Ich staune und amüsiere mich jedoch immer wieder über die Zahl der Führungskräfte, die die Marktwirtschaft rühmen, während sie gleichzeitig danach streben, ihre eigenen Unternehmen einer zentralen Planung zu unterwerfen.»*[14]

## Kontext Überlegenheit/Gleichwertigkeit

Traditionell werden Unternehmen im hierarchischen Kontext von «Überlegenheit» geführt. Es gibt «die oben» und «die unten». Die oben treffen Entscheidungen, die unten führen sie aus.

Überlegenheit ist ein Kontext der Getrenntheit mit allen dazugehörigen Überzeugungen. Noch vor einigen Jahren machte es Managern wenig Sinn, Arbeiter nach ihrer Meinung zu fragen. Sie glaubten tatsächlich, in allen Bereichen alles besser zu verstehen, und bezweifelten die dem jeweiligen Arbeitsgebiet zugehörige Kompetenz. Heute gibt es Ansätze, Hierarchien zu verflachen und Entscheidungsbefugnisse auf die Stufe der höchsten Kompetenz zu verlagern; und diese befindet sich in den meisten Fällen nicht an der Unternehmensspitze, sondern da, wo die entsprechende Arbeit getan wird.

Die Zeit der in Distanz von den Betroffenen gefällten Entscheidungen scheint sich dem Ende zuzuneigen. Mitarbeiter wollen beteiligt sein, Einsicht nehmen können, sich nicht als bloße Ausführungsorgane höherer Instanzen erleben. Sie werden vor allem solche Entscheidungen tragen, an denen sie mitgewirkt haben oder die ihnen einsichtig sind. Darüber hinaus erwarten sie, als gleichwertige Menschen behandelt zu werden, und das allein fällt schon vielen Managern schwer.

## Kontext Unbeweglichkeit/Beweglichkeit

Auch die pyramidale Hierarchie war einmal funktional – solange Märkte überschaubar und planbar waren. Unternehmen entwickelten durch einen Leiter an ihrer Spitze Strategien, und der Mitarbeiterapparat setzte diese um – Zeit war vorhanden.

Doch auch die Tage der Grundig, Siemens und Co, die Zeit der großen Patriarchen, ist endgültig vorüber – und die Zeit ihrer Enkel (siehe Reuter). Heute funktionieren die alten Strategien kaum noch. Bevor die schwerfälligen Apparate großer Unternehmen sie umsetzen können, haben sich die Märkte bereits gewandelt. Ein Kontext der Beweglichkeit muß entwickelt werden, der blitzschnelles Reagieren auf den Markt ermöglicht. Diese Beweglichkeit läßt sich nur in enger Zusammenarbeit mit den Mitarbeitern und auf der Grundlage von Vertrauen verwirklichen.

## Kontext Einheitlichkeit/Vielfältigkeit

Einheitlichkeit im Unternehmen durchzusetzen ist ein Bedürfnis der Kontrolleure. Wer Abläufe kontrollieren will, ist auf Einheitlichkeit angewiesen. Man schaue sich eine Behörde an. Dort wird ein Großteil des Arbeitsaufwandes auf das Erreichen dieses (im Grunde aussichtslosen) Vereinheitlichungsideals verwendet.

Ich bin immer wieder erstaunt darüber, wie hoch bewertet und zugleich wie wenig hinterfragt das Kriterium *Einheitlichkeit* ist. Kaum jemand scheint daran zu denken, diese heilige Kuh zu schlachten.

*Prozeßmanagement* ist an Ergebnissen orientiert, nicht an Formalien, und weiß, daß es immer verschiedene Wege zu einem Ziel gibt. Wir beobachten international eine Entwicklung von der Vereinheitlichung zur Differenzierung. Kundenwünsche wollen individuell und schnell befriedigt werden, und eben nicht *einheitlich*. Das geht nur durch kleine, reaktionsfähige Arbeitseinheiten, die nach ihren eigenen Regeln agieren.

Mehr als je geht es heute also um Vielfältigkeit und die Integration von Widersprüchlichkeit. Mehrere, sogar einander widersprechende Meinungen und Strategien können sich auch innerhalb des gleichen Unternehmens als richtig erweisen; und dieses Paradox muß vom Management begriffen werden.

## Kontext Sicherheit/Unsicherheit

Die Zeiten, da Unternehmen einfach auf Bewährtes zurückgreifen konnten, um zu überleben, sind dahin. Der Entwicklungsdruck nimmt international zu. Im Markt bleibt nur, wer kontinuierlich Neues entwickelt – und Neues ist niemals sicher.

Wer allzu sicher sein will, läuft Gefahr, sich zu sehr auf bewährte Produkte festzulegen und dann von Änderungen der Kundenbedürfnisse überholt zu werden. Kaum etwas scheint auf lange Zeit sicher oder auf sichere Weise planbar zu sein. Versuch und Irrtum, der Mut, auszuprobieren und offen zu sein für «das andere» oder «das Unvorstellbare» spielen zukünftig eine wichtigere Rolle. Nur wer Unsicherheit zumindest zeitweise zulassen kann, wird sich die nötige Offenheit bewahren, um Neues auszuprobieren.

## Kontext Verschlossenheit/Offenheit

Wer Macht ausüben will, muß Informationen manipulieren oder zurückhalten. Manager beherrschen diese Kunst perfekt. Nichtsdestotrotz stammt sie aus einem Kontext der Getrenntheit mit allen nachteiligen Folgen.

Vor kurzem erzählte mir eine Journalistin, daß die Chefredaktion ihre Gehaltsforderung mit dem Argument «Da ist nicht viel drin, schließlich ist Rezession» einschränkte. Einige Tage zuvor hatte die Konzernleitung jedoch die aktuellen Bilanzen veröffentlicht, und die wiesen eindeutig gestiegene Gewinne aus.

Wer Information zurückhält oder verfälscht, um seine Ziele gegen die Mitarbeiter durchzusetzen, vergibt die Chance, von seinen Mitarbeitern Achtung und Loyalität zu erhalten. Kurzfristige Vorteilnahme kann sich auf Dauer nur negativ auf die Qualität der menschlichen Beziehungen auswirken.

Ein Kontext echter Offenheit schließt die umfassende Information der Mitarbeiter über Vision und aktuelle Situation des Unternehmens mit ein. Das Zurückhalten von Informationen wirkt sich unter Bedingungen, da die Mitarbeit und Ideen jedes einzelnen gebraucht werden, negativ auf das Unternehmensergebnis aus. Transparenz und Offenheit dagegen fördert Vertrauen, Motivation und die Identifikation mit dem Unternehmen.

## Kontext Einköpfigkeit/Mehrköpfigkeit

Durch die vor allem in großen Unternehmen anzutreffende pyramidale Hierarchie, bei der ein Entscheidungsträger an der Spitze steht, entwickelt sich im Laufe der Jahre eine das Unternehmen beherrschende, zum Leiter konforme Denk- und Verhaltensweise, die mit allen Machtmitteln aufrecht erhalten wird. Das geschieht nicht unbedingt im Interesse des Unternehmens.

Man braucht nur auf die Geschehnisse in der Metallgesellschaft zu verweisen, von den Vorgängen in der Coop ganz zu schweigen. Auch die Lufthansa mit Ruhnau und VW mit seinem Chef Hahn mögen Beispiele hierfür sein. Ruhnau führte die Lufthansa in rote Zahlen, bevor er sie verließ, und Hahn begleitete sein Unternehmen durch fette Jahre, verschlief dabei moderne Entwicklungen und hinterließ das Unternehmen in einem kritischen Zustand. An Kritikern und Warnern hatte es nicht gefehlt – lediglich an der Bereitschaft zu einem rechtzeitigen Kontext-Wechsel, der sich beispielsweise in einem Verzicht auf «Einköpfigkeit» hätte äußern können. Konzerne dieser Größenordnung sind zu komplex geworden, um von einer Person geführt zu werden. Der Daimler-Konzern mit seinem Chef Reuter kann als weiteres Beispiel für Nachteile der Einköpfigkeit aufgeführt werden.

Ich will mit diesen Ausführungen allerdings nicht den Eindruck erwecken, Hierarchie und Einköpfigkeit wären an und für sich schlecht. Im Lichte des Kontextes gibt es kein «gut» oder «schlecht» und erst recht kein «an und für sich». Hierarchie kann gut funktionieren – solange es genügend Menschen gibt, die auf diese Weise geführt werden wollen. Selbst Monarchie ist weder richtig noch falsch. Sie kann hervorragend funktionieren. Es kommt lediglich darauf an, ob die Menschen sich regieren lassen oder ihr Schicksal selbst bestimmen wollen.

Dem Gebot der Mehrköpfigkeit wird heute unter anderem dadurch Rechnung getragen, daß Kompetenzen auf regional gegliederte Einheiten übertragen werden und dort Entscheidungen fallen, die früher der Zentrale vorbehalten waren. Es zeigt sich aber auch die Tendenz, in den Führungsspitzen selbst Teamstrukturen aufzubauen, auch wenn diese Entwicklung noch in den Anfängen steckt.

## Kontext nationale Isoliertheit/globale Verbundenheit

Prozeßdenken paßt in die heutige Zeit, weil es einem Kontext der Verbundenheit entspringt. Situatives Denken ist kausal, hat Anfang und Ende, Ursache, Wirkung. Prozeßdenken dagegen kennt Bewegungen, Verbindungen und Einflüsse. Alles hängt mit allem zusammen; und wir haben mit allem zu tun, was auf dieser Welt geschieht, auch wenn es außerhalb unserer Aufmerksamkeit geschieht.

Die nationalen Grenzen lösen sich allmählich auf, und die Wirtschaft ist treibende Kraft dieser Entwicklung. Firmen expandieren in die ganze Welt, produzieren in einem Land und verkaufen ihre Produkte in einem anderen. Kommunikationssysteme umspannen die Erde. Information wird zu jeder Zeit an jedem Ort zugänglich. Die Arbeit wird nach und nach verteilt und damit sukzessive auch der globale Reichtum. Entwicklungsländer werden zu Schwellenländern, und Schwellenländer entwickeln sich zu Industrienationen.

Wir kaufen billige Spielsachen und Kleidung aus der dritten Welt. Für jeden Arbeitsplatz, den wir verlieren, wird ein anderer in der dritten Welt geschaffen. Doch noch müssen Arbeiter in China und anderen Ländern ohne Arbeitsschutz ihre Gesundheit für eine Tätigkeit opfern, die mit Pfennigen entlohnt wird. Erst kürzlich sind 80 Menschen in einer chinesischen Spielzeugfabrik verbrannt, weil der Besitzer, ein Geschäftsmann aus Hongkong, die Türen und Fenster vergittern ließ – um seine Leute von Pausen abzuhalten. Auch wir sind an dieser Tragödie beteiligt, denn wir kaufen dieses Spielzeug und sind in diesem Sinne mitschuldig.

Keine Realität existiert länger unabhängig von anderen Realitäten. Waffen, die wir heute an ein Land verkaufen, können morgen gegen uns eingesetzt werden, wie es beispielsweise im Irak-Krieg der Fall war. Unternehmen, die im Golfkrieg an Gesetz oder Moral vorbei Geschäfte machten, erfuhren Boykottmaßnahmen und einen Imageschaden durch ausländische Unternehmen und Regierungen. Unfälle wie die Reaktorkatastrophe von Tschernobyl betreffen ganz Europa, und auch die Schädigung der Ozonschicht kennt keine nationalen Grenzen.

Aus einem Kontext der Getrenntheit, aus Konkurrenz und Egoismus, aus militärischem und wirtschaftlichem Kolonialismus hat die erste Welt ihren Reichtum aufgebaut. Heute kann diese Haltung ihn zerstören. Umwelt, Krieg, Hunger und Armut der dritten Welt bleiben nicht folgenlos. Schon bedrohen Flüchtlinge die Grenzen der Reichen. Werden wir sie ausgrenzen und unsere Länder mit Mauern umgeben? Oder ihnen helfen, am Reichtum der Welt teilzuhaben? Natürlich können wir unsere Grenzen schließen. Die Folgen werden in jedem Fall wir zu tragen haben; und wer weiß, ob dieser Kontext der Getrenntheit nicht eines Tages zu wirtschaftlichen oder kriegerischen Auseinandersetzungen mit Entwicklungsländern führt, die zum Teil bereits heute über Atomwaffen verfügen.

Globale Verbundenheit ist ein Faktum. Wenn wir sie nicht in unseren Handlungen realisieren, werden die Spannungen wirtschaftlicher und militärischer Art zwischen den Nationen und Blöcken zunehmen.

## Prozeßhafte Haltungen – Metahaltungen

Im Kontext der Verbundenheit werden wir gezwungen sein, uns mit unseren eigenen Überzeugungen und Handlungen stärker auseinanderzusetzen – in kleinen wie in großen Belangen. Wir werden die Fähigkeiten ausbauen müssen, über uns selbst nachzudenken, zu reflektieren, uns zu verändern und Verbindungen einzugehen – wir werden die Metafähigkeiten eines entwickelteren Bewußtseins brauchen, die Fähigkeiten, durch die sich ein Prozeßmanager auszeichnet.

Diese Metaskills entstehen im wesentlichen aus drei Kontexten. Es sind dies Offenheit, Wachsamkeit und Lebendigkeit.

# Offenheit

Normalerweise begegnen wir einer Erscheinung oder Information und ordnen diese blitzschnell in unser Deutungssystem ein. Dann scheint «alles klar» zu sein. Wer jedoch allzu schnell glaubt, zu wissen, kann Trends verpassen oder Entwicklungen versäumen. Denn für etwas Neues haben wir keinen passenden Kontext parat, und in den alten paßt das Neue nicht hinein. Also muß es Unsinn sein, und wir wenden uns ab.

**Eine der entscheidendsten Prozeßfähigkeiten besteht darin, nicht zu wissen!**

Nicht wissen bedeutet, eine Information nicht sofort bei ihrem Erscheinen zu beurteilen oder sich über ein Geschehen nicht zu früh eine Meinung zu bilden. Dieses Nichtwissen ist für die meisten Manager gewiß schwer auszuhalten. Zu groß ist das Bedürfnis nach Absicherung und Orientierung.

Ein Prozeßmanager wird sich von zeitweiliger Ungewißheit nicht bedroht fühlen und sich solange in Entwicklungen treiben und von ihnen verunsichern lassen, bis Sicherheit und Gewißheit fast von alleine geschehen. Bis dahin wird er alle Informationen sammeln und alle Standpunkte anhören, die er sich zugänglich machen kann.

Die Fähigkeit, nicht sofort wissen zu müssen, kann man als den Anfängergeist bezeichnen. Wer so sehen und handeln kann, als sei er Anfänger, obwohl er schon lange im Geschäft ist, kann eingefahrene Gleise verlassen und sich, sein Unternehmen und seine Produkte mit den Augen eines Außenstehenden betrachten.

Vor etlichen Jahren besuchte ich einen befreundeten Ingenieur, der vor der Aufgabe stand, ein elektronisches Stethoskop zu bauen, das sehr preiswert sein sollte. Das Mikrophon war dabei sein größtes Problem, denn ein entsprechend sensibles kostete im Einkauf schon mehr, als das ganze Gerät kosten durfte.

«Nimm doch ein einfaches Kristallmikrophon und übertrage den Schall mit einer Metallfeder», schlug ich vor.

Mein Vorschlag löste Heiterkeit bei ihm aus, denn auf so einen Gedanken konnte wohl nur ein elektronischer Laie kommen. Einige Tage später rief er mich an. Da ihm nichts Besseres eingefallen war, hatte er die Idee ausprobiert – und sie hatte funktioniert. Ein Beispiel für Anfängergeist.

*«Nissan Design International entwarf unter anderem eine Jacht von dreißig Metern Länge, einen Computer, einen Staubsauger und eine intravenöse Pumpe für ein Krankenhaus. Auf diese Weise bleiben wir geschickte Amateure und werden nicht zu Routiniers.»[15]*

Auch das ist eine Möglichkeit, den Anfängergeist wachzuhalten – indem man die Mitarbeiter vor neue und ungewöhnliche Aufgaben stellt und so zwingt, dazuzulernen. Auch im Reengineering wird der Anfängergeist verlangt. Im Reengineering wird versucht, einem schwer zu verändernden Unternehmen oder einer Unternehmensabteilung eine völlig neue Struktur zu geben. «Nehmen Sie ein Stück Papier und bauen Sie den Laden so auf, als ob Sie ganz neu beginnen würden» – so etwa lauten Empfehlungen in bezug auf Reengineering, die vor allem eines bezwecken können: das Ganze neu zu sehen.

## Informationen offen machen

Neben einer Aufgeschlossenheit äußeren Vorgängen gegenüber wirkt sich ein echter Kontext von Offenheit auch nach innen aus. Im Kontext Offenheit werden Mitarbeiter über das Unternehmen betreffende Pläne, Vorgänge und Fakten informiert. Das steht im Gegensatz zur Tradition des hierarchischen Managements, in dem Macht durch gesteuerten Informationsfluß aufrechterhalten wird, wodurch zugleich ein Kontext der Getrenntheit entsteht.

Vor kurzem wurde ich von einem Verwaltungsunternehmen zu einer Projektgruppe eingeladen, die sich mit der Einführung von Teamarbeit befaßte. Ich sollte die zukünftigen Teammitglieder auf Teamarbeit und Gruppenprozesse vorbereiten, vor allem darauf, wie wichtig Kommunikation und Offenheit in solchen Teams sei. Zehn Minuten später sprachen wir darüber, welche Ziele mit der Einführung der Teams verbunden waren. Ich erhielt den Hinweis:

*«Diese vertraulichen Informationen können Sie aber nicht an das Team weitergeben.»*

Als Antwort hierauf möchte ich ein Zitat bringen:

*«Keiner kann erwarten, daß Engagement und Partnerschaft gedeihen, wenn selbst dem bescheidensten Mitarbeiter nicht ein reichliches Maß an Wissen zur Verfügung steht. Ich kenne sämtliche Einwände gegen eine Politik der absoluten Offenheit. Die Mitarbeiter gebrauchen die Zahlen als Argument für Lohnerhöhungen in guten Zeiten, während sie in schlechten Zeiten Angst bekommen, wenn sie die Zahlen kennen. Schlimmer noch: Geschäftsgeheimnisse werden an die Konkurrenz weitergegeben. Schon möglich. Aber die Vorteile von Offenheit und Aufrichtigkeit überwiegen doch bei weitem die Nachteile. Und ein Unternehmen, das nicht über alles informiert, wenn die Zeiten gut sind, verliert das Recht, in schlechten Zeiten Solidarität und Zugeständnisse zu verlangen.»*[16]

Das Unternehmen wird von seinen Mitarbeitern genau das Maß an Offenheit erhalten, das es ihnen entgegenzubringen bereit ist. Viele Manager machen den Fehler, ihre Leute für dumm zu halten, aber die Menschen spüren genau, wann und wem sie vertrauen können; und ein aufgrund fehlerhafter oder gefälschter Information gebrochenes Vertrauen ist nur schwer wieder herzustellen.

In den meisten Firmen stoße ich auf ein großes Mißtrauen gegenüber den von der Firmenleitung präsentierten Zahlen. Die Mitarbeiter haben einfach zu viele schlechte Erfahrungen mit solchen «Fakten» gemacht. Je nach Lage und Interesse des Managements werden Zahlen in jede gewünschte Richtung manipuliert; und die Mitarbeiter wissen das.

Statt sich Gedanken über die Motivierbarkeit von Mitarbeitern zu machen oder endlose Appelle über das «gemeinsame Boot, in dem wir alle sitzen», loszulassen, sollten Manager echte Offenheit praktizieren. Gerade detaillierte und ehrliche Information über den Stand und die Pläne des Unternehmens wird einen Kontext der Verbundenheit entstehen lassen, aus dem heraus die Mitarbeiter tatsächlich bereit sind, «an einem Strang zu ziehen».

## Informationspolitik

Zum Kontext der Offenheit gehört auch eine faire Informationspolitik gegenüber der Gesellschaft und ihren Interessenverbänden, die ebenfalls selten anzutreffen ist. Ein Beispiel hierfür ist das Taktieren der Firmen in bezug auf den FCKW-Ausstieg.

Als die Forderung nach dem Ausstieg aus dieser fragwürdigen Technik laut wurde, hieß es, die Unternehmen bräuchten vier bis sechs Jahre, um ihre Produktion auf FCKW-freie Mittel umzustellen; schneller sei das «technisch nicht machbar». Als dann aber ein Ost-Unternehmen mit dem ersten Öko-Kühlschrank auf dem Markt war, boten alle führenden Kühlschrankhersteller innerhalb von zwei Monaten (!) entsprechende Geräte an.

Solches Verhalten, das aus einem Kontext der Getrenntheit von gesellschaftlichen Interessen stammt, schadet der Glaubwürdigkeit von Unternehmen. Offenheit bedeutet auch Offenheit gegenüber den gesellschaftlichen Entwicklungen und sich verändernden menschlichen Bedürfnissen. Gerade die Sehnsucht nach einer gesünderen Umwelt stellt eines der größten Bedürfnisse in modernen Industriestaaten dar. Die Wirtschaft sollte nicht vergessen, daß sie für die Menschen da ist und nicht umgekehrt.

Fragen, die sich aus dem Kontext der Offenheit ergeben, sind:

- Welche Entwicklung bekämpfen wir?
- Was ist für uns tabu?
- Welche Informationen halten wir zurück?
- Gibt es im Unternehmen ein internes Informationssystem?

# Wachheit

*«Zwischen Marktwandel und Organisationsveränderung gibt es keinen Verbindungsmechanismus.»*[17]

Der Markt verändert sich, weil der Prozeß den Markt erfaßt – aber das Unternehmen kann bleiben, wie es ist. Die Bedeutung dieser Aussage kann nicht hoch genug eingeschätzt werden, denn sie heißt in der Konsequenz:

***Die einzig wirksame Verbindung zwischen Markt und Organisation ist die Wachheit des Managements!!!***

Woraus entsteht Wachheit? Nur aus der Bewußtheit darüber, daß Veränderung ein Grundgesetz des Prozesses ist.

Der Markt kann dem Unternehmen nicht direkt sagen, wie es sich und seine Strukturen verändern soll, um an veränderte Bedingungen angepaßt zu sein, aber er kann es unter enormen Veränderungsdruck stellen – einfach indem er seine Produkte nicht aufnimmt. Das Unternehmen muß wach genug sein, seine Strukturen so auszurichten, daß es die gewünschten Produkte in einer angemessenen Zeit anbieten kann.

Firmen müssen heute Dinge produzieren, die morgen gekauft werden. Wer die zugrundeliegenden Trends erkennen und sich an ihnen orientieren will, muß sich möglichst viele Informationen besorgen, um Wachheit gegenüber Trends zu gewährleisten. Daher gehen Firmen dazu über, permanente Kundenkontakte aufzubauen. Sie suchen die Nähe zum Markt, zu dem Platz, wo Informationen allgegenwärtig sind und sich irgendwo und irgendwie die Richtung der Entwicklung zeigen muß.

Manche Menschen haben eine hohe Sensibilität für Prozeßinformation. Nicht selten werden sie Trendsetter, weil sie solche Informationen intuitiv aufnehmen und verwerten, die von der Mehrheit ignoriert oder unterbewertet werden. Diese Menschen verfügen über einen Kontext der «Wachheit», der «Neugierde» oder der «Unvoreingenommenheit», der es ihnen ermöglicht, Informationen *vor* der Bewertung eine Weile wirken zu lassen und so die Bedeutung von Entwicklungen und Ereignissen zu erahnen.

**Wachheit und der Anfängergeist kann über die Existenz oder den Untergang einer Organisation entscheiden.**

Unternehmen brauchen die *Aufgabe Wachheit* allerdings nicht dem Zufall oder dem «richtigen Manager» zu überlassen. Zu sehen, was noch nicht deutlich ist, also die Richtung des Prozesses aufzuspüren, kann zur Aufgabe von Projektgruppen oder eines Unternehmensteils gemacht werden, wie das bei der Firma Playmobil der Fall ist.

*«Beck und Brandstätter sind beide um die Fünfzig. Das Playmobil-Programm steckt ihnen in den Knochen. Aber wie hält man es lebendig? Ein Teil der Antwort ist eine Forschungs- und Entwicklungs- bzw. Konstruktionsabteilung mit 80 Mitarbeitern, die unter der Leitung von Beck eine separate Geschäftseinheit darstellt. Das Ziel ist es, umsichtig eine Entwicklungsgesellschaft aufzubauen, die wie Beck ein gründliches Verständnis dafür entwickelt, was der Verbraucher braucht, erläutert Brandstätter. Es wird 10 bis 20 Jahre dauern.»*[18]

Früher half Erfahrung. Heute muß Erfahrung durch Wachheit ergänzt werden. Erkenntnisse aus der Vergangenheit lassen sich immer seltener in die Zukunft übertragen. Wer Informationen sinnvoll anwenden will, braucht den Kontext *Wachsamkeit,* um zu erkennen, *was dabei ist, zu entstehen.* Diese Wachheit bedeutet auch, sich selbst und der *Wahrheit* der eigenen Wahrnehmung immer wieder mißtrauen zu können.

Fragen, die sich aus dem Kontext der Wachsamkeit ergeben, lauten:
– Auf welche Weise sind andere, auch entgegengesetzte Standpunkte und Meinungen wahr?
– Welche Informationen passen nicht in mein Bild?
– Welche Entwicklungen halte ich für nicht bedeutend?
– Was tun wir genau und wozu?
– Was erachte ich als störend?
– Welchen Überzeugungen folge ich momentan?
– Was verstehen wir nicht?
– Was müssen wir besser begreifen?

# Lebendigkeit

Nur die Tatsache, daß es Veränderung gibt, macht Menschen und Organisationen lebendig. Schon die uralten Mythen aller Kulturen beschreiben, wie diese Lebendigkeit erhalten bleibt und wie die ihr zugrundeliegende Veränderung funktioniert, ohne die jedes System stagnieren und schließlich sterben muß. Mythen stellen die ältesten Prozeßbeschreibungen der Menschheit dar und sind deshalb auch im Zusammenhang dieses Buches interessant.

Das mythische Abenteuer beginnt in einem Königreich, in dem etwas fehlt und deshalb Unzufriedenheit herrscht. Also werden Helden gesucht, die mutig genug sind, in die Ferne zu ziehen und das Fehlende zu suchen. Diese begegnen auf der Suche nach Reichtum, Weisheit oder Liebe verschiedenen Dämonen, Drachen oder Verlockungen, die sie davon abhalten wollen, ihr Ziel zu erreichen. Nun muß der Held den Dämon besiegen und sich ein Stück von ihm einverleiben. Dann erst kann er ins Mysterium des Lebens eintreten und erhält seine Belohnung in Form des Gesuchten. Schließlich kehrt er transformiert, als ein veränderter Mensch, in seine Heimat zurück und bereichert und verändert sein Königreich.

Übersetzen wir das Ganze in unsere moderne Sprache.
- Im Königreich, im *Bereich der Identifikation*, fehlt etwas, das zur Weiterentwicklung des Menschen oder der Organisation gebraucht wird. Unzufriedenheit entsteht. Der Drang, die Identifikation zu verlassen und über die Grenze zu gehen, nimmt zu.
- Man braucht also Helden, die bereit sind, ins Unbekannte, ins Unbewußte, in den Bereich jenseits ihrer Identifikationsgrenze zu gehen, wo das Gesuchte sich verbirgt. Helden sind auf der Suche danach, ihre Lebenskraft durch Weiterentwicklung zu erfüllen. Sie suchen ein vollständigeres Leben = mehr Lebendigkeit.
- Auf ihrem Weg durch das Unbekannte begegnen sie den Dämonen, den «Hütern der Schwelle». Diese Gestalten repräsentieren die eigene Angst vor Veränderung und ihren Folgen. Dämonen versu-

chen, den Held zur Umkehr zu bewegen oder zu vernichten. «Tu es nicht, denk an die Folgen, du wirst versagen oder umkommen.» Dämonen versuchen, die Lebenskraft des Helden zu brechen, indem sie ihn ins Alte, Gewohnte, in seine Identifikation zurückdrängen.
- Der Held muß nun die Auseinandersetzung mit seinen Ängsten aufnehmen, diese besiegen, aber ein Stück des Dämonen in sich aufnehmen. Er muß also Wege finden, seine Ängste zu berücksichtigen ohne sein Ziel aus den Augen zu verlieren.
- Ist der Kampf erfolgreich geführt, kann der Held ins Mysterium, in den Bereich des Neuen, eintreten. Hier findet er das Gesuchte und erfährt Erfüllung, Glück und Belohnung. Diese Belohnung des Helden besteht im Gewinn an Fähigkeiten und der Erweiterung seiner Qualitäten, die er durch das Abenteuer erfahren hat. Er kehrt zurück, aber er ist nicht mehr der alte, sondern ein veränderter, transformierter Mensch. Seine Identifikation ist erweitert, und sein Königreich bietet nun mehr Raum – Raum zur Entfaltung seiner Lebendigkeit.

## Der Manager als Held oder Dämon

Jede bewußt gesuchte und herbeigeführte Veränderung ist also eine Heldentat. Natürlich ist eine Unternehmensgründung eine Heldentat. Ebenso der Versuch, die Produktivität zu steigern und damit das Unternehmen zu retten. Umgekehrt gehören langes Zögern oder Verhindern von Veränderungen zu den Dämonentaten der Manager.

Ein grundlegender Unterschied zwischen Held und Dämon besteht darin, daß Helden ihre Kraft *für etwas* einsetzen, Dämonen jedoch *gegen etwas*. Deshalb können Ängste nichts wirklich Neues und Lebendiges schaffen, sondern nur etwas Befürchtetes verhindern.

**Wer Veränderung sucht, sollte auf Lust-auf-Leute in seinem Umfeld achten, die sich im Kampf mit den Angst-vor-Leuten befinden.**

Helden- und Dämonen sind tagtäglich in den Unternehmen am Werk und liegen in Auseinandersetzung miteinander. Letztlich entscheidend ist jedoch, ob Helden oder Dämonen dominieren, ob also die Kräfte der Erneuerung (Helden) oder die Kräfte des Bewahrens (Dämonen) sich durchsetzen. In einem ängstlichen Klima scheitern Versuche der Veränderung, weil es das Wichtigste ist, Fehler zu vermeiden. Setzen sich die *Angst-vor-Leute* durch, wird der Kontext von Lebendigkeit, aus dem allein Neues heraus entstehen kann, zerstört zugunsten eines Kontextes von Sicherheit und Starre.

## Visionen – Heldenträume

Neues wird in der Phantasie geboren. Dort können wir Dinge zusammensetzen, die bisher in keinem Zusammenhang miteinander standen. Jede neue Wirklichkeit ist, bevor sie sich realisiert, Spinnerei. In der Phantasie können wir Hubschrauber und Rollstühle kombinieren, und eines Tages wird ein solches Gerät zur Verfügung stehen.

Wer Veränderung sucht, wird ihre Anfänge immer im Reich der Phantasie finden. Etwas Neues ist zu Beginn seines Auftauchens immer subtil und empfindlich, denn es besteht aus nichts anderem als einer Vorstellung, einer Phantasie oder einem Traum. Nichts ist einfacher, als so ein Pflänzchen mit einer einzigen Bemerkung – «Quatsch/Unsinn/Schrott» – zu zertreten.

Helden werden oft unterdrückt, oder ihre visionäre Potenz wird nicht ernst genommen. Dabei ist Vision eigentlich eine natürliche Fähigkeit. Niemand muß sie lernen. Aber wir müssen lernen, Visionen zu vertrauen und ihnen in unserem Leben und unseren Organisationen Raum zu schaffen. Die das tun, sind Erneuerer, sind diejenigen, die den Kontext *Lebendigkeit* gestalten.

Unternehmen sollten Raum für Helden schaffen, indem sie beispielsweise Workshops veranstalten oder Traumprojekte einrichten, in denen sich die Phantasten und Träumer austoben können, in denen Vorstellungen entwickelt werden können. «Ich stelle mir vor ...», «Ich träume davon ...», «Man müßte ...» Aus solchen Träumen entstanden der Personalcomputer, die Swatch-Uhr, die Junghans-Funkuhren... und alle anderen Erfindungen und Entwicklungen.

Eine Schwierigkeit für Unternehmen im Umgang mit Visionen und Lebendigkeit besteht wahrscheinlich darin, daß diese wesentlich emotionalen Ursprungs sind und mit rationalen und vernünftigen Maßstäben nicht gemessen werden können. Ein Erfinder oder Veränderer ist in den Augen der Angst-vor-Leute immer ein Exot. Doch Unternehmen brauchen solche Spinner und Exoten.

**Wer an Veränderung interessiert ist, braucht Menschen, die anders als der Durchschnitt sind!**

Lebendigkeit bedeutet letztlich die Lust am Wandel. Wer ihr folgt, behält gleichzeitig den Spaß an der Arbeit.

Fragen, die sich aus dem Kontext der Lebendigkeit ergeben, lauten:
– Worunter leiden wir?
– Wovon träumen wir?
– Was würde uns glücklich machen?

# Prozeßgerechte Arbeitsstrukturen

*«Nur eine unbeständige, dezentralisierte Organisation wird in einer unbeständigen, dezentralisierten, globalen Wirtschaft bestehen können.»*[19]

Nachdem wir uns ausgiebig mit Kontext und prozeßhaften Haltungen befaßt haben, möchte ich nun darauf eingehen, welche Arbeitsstrukturen den Mitarbeitern helfen, sich prozeßgerecht zu verhalten, und welche dabei im Wege sind.

Die Vertreter zentraler und hierarchischer Arbeitsstrukturen beziehen sich gern auf die Arbeitsweise des menschlichen Körpers; und zwar so, wie sie diese verstehen. Sie glauben, das Gehirn denke und lenke, der Körper führe aus. Im Gehirn sehen sie quasi die Geschäftsführung, im Körper und seinen Organen weisungsgebundene Mitarbeiter des Organismus.

Was wäre aus uns Menschen geworden, wenn diese Vorstellung zuträfe? Wenn beispielsweise das Immunsystem im Verletzungsfall zuerst eine Anfrage an das Gehirn starten müßte, bevor es reagieren dürfte? Und wenn das Gehirn gerade mit anderen Dingen beschäftigt wäre? Würde der Antrag an eine andere Abteilung weitergegeben, beispielsweise die Leber? Wie lange müßte er dort im Posteingang liegen, bevor er bearbeitet wird? Was würde geschehen, wenn die Leber in Abteilungskonkurrenz zu den Lymphknoten oder zum Blut stände und die nötigen Informationen nicht weiterleitet?

Würde unser Körper tatsächlich wie ein hierarchisches Unternehmen funktionieren, es würde nicht lange dauern, und die Menschheit wäre ausgestorben. In diese Richtung geht in der Tat die Entwicklung vieler Saurier-Firmen.

Gerade berichtete die Presse davon, daß im Darm eine Art zweites Gehirn entdeckt wurde, das neben dem Gehirn im Kopf funktioniert. Was werden wir in Zukunft über den Körper noch erfahren?

Der menschliche Körper kennt in Wahrheit keine Hierarchie. Er besteht aus einer Vielzahl von Teilsystemen, von denen eines der kleinsten eine Zelle sein mag, von der es wiederum unzählige Nebenarten gibt. Blutkreislauf, Lymphsystem, Immunsystem, Muskeln, Knochen, Organe, Gehirn, Haut und und und ... all das sind relativ eigenständig funktionierende, gleichzeitig aber voneinander abhängige Systeme, die sich an Schnittstellen berühren, Informationen über Botenstoffe austauschen und mit dem gemeinsamen Ziel zusammenarbeiten, den Körper lebendig zu erhalten.

Der menschliche Organismus ist als Netzwerk unzähliger, miteinander kooperierender und voneinander abhängiger Teilbereiche aufgebaut. Auch das Gehirn selbst funktioniert in diesem verwobenen System als Koordinator und nicht als Führungsinstanz. Es leitet Information weiter, und die Teilsysteme wissen dann selbst, was zu tun ist. Allerdings laufen auch viele Reaktionen ab, an denen das Gehirn nicht beteiligt ist. Wird die Haut beispielsweise an einer Stelle nur geringfügig verletzt, eilen sofort Makrophagen herbei und fressen eindringende Bazillen auf. Deren Erbinformation wird dabei freigelegt, von anderen Blutzellen aufgenommen und steht von nun an dem Immunsystem als Information zur Identifizierung möglicher Eindringlinge zur Verfügung – ohne Beteiligung des Gehirns.

Jeder Teil des Körpers weiß also um seine Aufgabe, führt diese selbständig aus, kommuniziert mit anderen Teilsystemen auf dem kürzesten Weg und arbeitet mit diesem auf der Grundlage gegenseitiger Abhängigkeit zur Erreichung eines gemeinsamen Zieles zusammen. Darüber hinaus ist der menschliche Organismus in der Lage zu lernen und sich im Einklang mit seiner Umwelt selbst zu verändern. Er ist also eine sich selbst verändernde Einheit und bietet, wie wir sehen, ideale Kontexte für prozeßgerechte Arbeitsstrukturen in komplexen Systemen an.

Weil starr zentral verwaltete Organisationen den Veränderungsprozeß unnötig lange blockieren, entdecken Unternehmen allmählich die Vorteile dezentraler Organisation. Sie beginnen, Mammutunternehmen in kleine, überschaubare Einheiten zu zergliedern. Zunehmend werden Teams und Projektgruppen gebildet, in denen aufgrund geringer Größe effektivere Kommunikation und Zusammenarbeit möglich ist. Schon haben einige Unternehmen abteilungsbezogene Strukturen aufgelöst und arbeiten fast ausschließlich in Projektform.[20]

Jeder Mitarbeiter sucht sich Arbeit in den Projekten, an denen er interessiert ist und für die er sich deshalb mit ganzer Kraft einsetzen kann. Team- und Gruppenarbeit löst die funktional gegliederte Arbeitsteilung ab. Man erkennt, daß die Festlegung des Menschen auf nur eine Funktion die Produktivität seiner Arbeit einschränkt. Einzelne Firmen gehen dazu über, Netzwerke zu schaffen, deren Zentren sie sind. Sie verkaufen eine zentrale Dienstleistung in Form des *Organisierens der Verbundenheit* zwischen Entwicklern, Produzenten, Zulieferern, Verteilern und Kunden.

All das zeigt, daß wir an der Schwelle zur Entwicklung prozeßgerechter Arbeitsstrukturen stehen. Die Merkmale solcher Strukturen sind im wesentlichen:

- Team-, Gruppen- und Projektarbeit
- Vielköpfigkeit durch Kompetenzverteilung/Autonomie von Teilbereichen
- ein echter Kontext der Verbundenheit (Netzwerkcharakter)
- Zusammenarbeit durch gegenseitige Abhängigkeit
- Informationsfluß durch direkte und offene Kommunikation
- Flexibilität in der Aufgabenverteilung/Motivation durch Selbstverwirklichung
- Beweglichkeit und Schnelligkeit
- Lernen zu lernen
- Kundennähe und Unternehmergeist durch Selbständigkeit

Es gibt eine ganze Reihe von Unternehmen, die, zum Teil seit 30 Jahren, sehr gute Erfahrungen mit prozeßgerechten Arbeitsstrukturen machen. Im folgenden werde ich einige dieser Vorreiter zitieren.

## Team-, Gruppen- und Projektarbeit

In Zukunft wird mehr in Gruppen gearbeitet werden, weil diese Form der Arbeit übertriebenen Individualismus, Eitelkeit und blindes Karrierestreben relativiert und trotzdem das Individuum fördert, wenn es dem Ziel der Gruppe dient. Die Option Teamarbeit bietet sich an, wenn echte Veränderung und tiefgreifender Wandel gesucht wird, beispielsweise wenn:

- sich zahlreiche Einflüsse bemerkbar machen,
- es keine klaren Vorstellungen davon gibt, wie mit einer Situation umgegangen werden soll,
- hierarchische Ansätze zur Lösung gescheitert sind und wenn
- Schnelligkeit und Flexibilität erforderlich sind.

Gruppen machen Veränderungen möglich, die einzelne oder Führungsebenen nicht bewerkstelligen könnten.

*«Diese Zahlen hätten in einem Unternehmen unserer Größe nicht von hundert, nicht von tausend und nicht einmal von fünftausend leitenden Mitarbeitern so drastisch verbessert werden können. So etwas ist nur durch die Beiträge von Zehntausenden von Menschen möglich, die jeden Morgen mit dem Ziel zur Arbeit kommen, es noch besser zu machen.»*[21]

Zudem können sich Gruppen schneller verändern. Wenn in herkömmlichen Strukturen eine besondere Aufgabe auftaucht, muß möglicherweise die Stellenbeschreibung geändert werden / die Zustimmung des Betriebsrates eingeholt werden / das Zulagensystem angepaßt werden und ... Das Ganze dauert dann von sechs Monaten bis zu einigen Jahren. Wenn in herkömmlichen Strukturen ein Abteilungsleiter krank wird, liegt ein Vorgang möglicherweise lange Zeit auf Eis. In einer Gruppe übernähmen andere seine Aufgaben.

Allerdings kann eine Gruppe nur in diesem Sinne funktionieren, wenn sie ein bestimmtes Maß an Autonomie erhält. Echte Teams oder Projektgruppen erhalten daher einen definierten Auftrag und entsprechende Kompetenzen, ihn zu erledigen. Dann kann eine Entwicklung eingeleitet werden, die möglicherweise so endet:

*«Es gibt so gut wie nichts, was im alten System von Managern gehandhabt wurde und was heute nicht routinemäßig von allen erledigt wird.»*[22]

Teams ersetzen einen Teil des Mittelmanagements, indem sie dessen Aufgaben übernehmen. Auch die Größe von Teams trägt zum veränderten Arbeitsverhalten der Mitarbeiter bei.

*«Mitarbeiter kann man nur dann wie verantwortliche und anständige Erwachsene behandeln, wenn man zuläßt, daß sie wissen, was um sie herum vorgeht, und daß sie Einfluß darauf nehmen. ... Man muß jede Unternehmenseinheit so klein halten, daß die Leute verstehen, was läuft, und das Ihre dazu beitragen.»*[23]

## Vielköpfigkeit/Autonomie von Teilbereichen

Bei den Sauriern scheint zuviel Macht in den Händen einzelner oder gar eines einzelnen zu liegen. Vor einiger Zeit berichtete die Presse ausführlich über die immensen Auftragsmanipulationen des Mannesmann-Chefs zu Lasten seines Konzerns und zu Gunsten seiner Privatfirmen.

Bei einer größeren Verteilung von Kompetenzen an dezentrale Einheiten ist ein solcher Machtmißbrauch nicht möglich, denn regionale Gruppen oder ihre Manager bekommen mehr Entscheidungsspielräume zugewiesen. Praktikable Formen der Vielköpfigkeit zu entwickeln ist ein Gebot der Stunde, denn kein einzelner Mensch kann die nationalen, internationalen und globalen Zusammenhänge eines Unternehmens allein überblicken und organisieren.

Auch hier bietet sich Projekt-, Team- oder Gruppenarbeit an, denn in Gruppen wird die Leiterrolle aus ihrer Fixierung an eine fest definierte Einzelperson gelöst und von der Gruppe je nach Erfordernis und Lage verteilt oder aufgeteilt.

Ein wichtiger Effekt dieser Kompetenz- und Machtverteilung besteht darin, daß *Aufgaben und deren Lösung Vorrang vor Personen und deren Status bekommen.*

## Kontext Verbundenheit

Ein weiterer, entscheidender Vorteil von Teams und Projekten besteht zweifelsohne im Kontext der Verbundenheit, den sie herstellen und aus dem ihre Mitglieder handeln. Teams beruhen auf horizontalen Strukturen. Alle Mitglieder treffen sich auf einer Ebene, und was der eine sagt, kann so wichtig sein wie das, was der andere sagt. Dabei spielt die Stellung in der Hierarchie keine Rolle, sondern nur der jeweilige Beitrag zum Projekt.

> «*Die Stärke dieser Gruppen beruhte darauf, daß sie aus den verschiedensten Mitarbeitern bestand: Fabrikarbeitern, Ingenieuren, Büroangestellten, Vertretern und Managern. Sie hatten keinen offiziellen Leiter – wer die größten Führungsqualitäten aufwies, bekam den Job, rief die anderen zu Besprechungen zusammen und moderierte die Diskussion. Es gab nicht nur eine Gruppe, in der ein einfacher Facharbeiter Fachleute auf diese Weise führte. Diese Gruppen wurden also nicht durch irgendein hierarchisches System oder Kästchen in einem Organigramm, das Macht verlieh, zusammengehalten, sondern schlicht durch eine ganz natürliche Achtung vor den Kollegen.*»[24]

Diese Verbundenheit hat auch räumliche Komponenten, denn intensive und vielfache Kommunikation braucht physische Nähe. Manche Firmen haben aus dieser Erkenntnis neue Fabriken oder Verwaltungen gebaut und diejenigen Abteilungen, die auf engen Kontakt angewiesen sind, ohne trennende Barrieren direkt nebeneinander gelegt. Beispielsweise können Entwicklungs- und Vertriebsabteilung nebeneinander liegen, oder die Entwicklungseinheit ist um den Produktionsbereich gelegt, wie das im neuen Opel-Werk in Eisenach der Fall ist.

Neben den räumlichen spielen im Kontext der Verbundenheit auch zeitliche und emotionale Faktoren eine wichtige Rolle. Wollen Menschen sich besser verstehen und gegenseitig fördern, müssen sie Zeit miteinander verbringen. Dieser Zeitaufwand stellt eine Investition, keine Verschwendung dar, denn ohne Zeit zur Kommunikation kann kein *Gefühl der Verbundenheit* entstehen, das einen wichtigen Identifikations- und Motivationsfaktor darstellt.

## Gegenseitige Abhängigkeit

Arbeiten in Teams und in Projekten, aufgabenorientiertes Arbeiten also, braucht zugleich individuelle Eigenständigkeit/individuelle Fähigkeiten und gegenseitige Abhängigkeit voneinander. Leute kommen zusammen, die einander brauchen, weil jeder einen Teil des Wissens und der Kraft zur Verfügung stellen kann. Funktionieren (das Ziel erreichen) kann die Gruppe, das Team, das Netzwerk jedoch nur als Ganzes. Jeder ist demnach von jedem abhängig.

Das war schon immer so. Aber in den alten Strukturen bildet sich Abhängigkeit formal nur von oben nach unten ab. Dies ist allerdings irreal, denn Mitarbeiter können einen Vorgesetzten auch «hängen» oder «auflaufen» lassen.

Die Führungskraft ist also de facto abhängig; und deshalb sollte dieser Tatsache in Zukunft mehr als bisher Rechnung getragen werden, indem Vorgesetzte stärker von der Beurteilung durch ihre Mitarbeiter abhängig gemacht werden. Befördert wird, wer bewiesen hat, daß er mit Menschen umgehen und ihre Fähigkeiten zielorientiert koordinieren kann. Anstatt viel Geld auszugeben für die Erhöhung der kommunikativen Kompetenz der Vorgesetzten, kann man auf diese Weise einfach und preiswert ihre Motivation für menschliche Kommunikation steigern.

Gegenseitige Abhängigkeit ist die Grundlage jeder echten Zusammenarbeit. Sicher fällt es vor allem traditionell orientierten Managern schwer, sich damit abzufinden, daß sie in den neuen Strukturen *die Hilfe der Mitarbeiter brauchen,* um ihre Koordinierungsaufgabe erfüllen zu können. Die Führungskraft der Zukunft wird in einem bisher unbekannten Maß von ihren Mitarbeitern abhängig sein. Soweit entsteht erstmals eine echte *gegenseitige* Abhängigkeit, die wenig Raum für Machtspiele und die kleinen Scharmützel des gegenwärtigen Arbeitsalltages läßt und sich somit positiv auf die Zusammenarbeit auswirken wird.

## Information/Kommunikation

In einem Netzwerk autonomer Einheiten kann jede aktuelle Information von einer Ecke zur anderen fließen, auf sich spontan ergebenden Wegen, ohne die behindernde und verzögernde Kontrolle einer Zentrale. Die natürlichen Kommunikationswege werden offengehalten, indem das Miteinandersprechen betont wird und Information so öfter in Echtzeit zugänglich wird.

*«Die mündliche Kommunikationsregel bedeutet jedoch, daß man mit jedem reden kann, mit dem man reden will, um die notwendigen Verbindungen zu schaffen.»*[25]

In der relativen Freiheit autonomen Arbeitens wird getan, was nötig ist, um eine Aufgabe zu erledigen, ohne daß der Informationsfluß «über den Schreibtisch» eines Kontrolleurs laufen muß. Zusätzlich wird mit Computerunterstützung sämtliche wichtige Information veröffentlicht und kann daher nicht als Machtmittel mißbraucht werden.

Von der Firmenhierarchie sollten Teams und Gruppen alle Daten erhalten, die dem Unternehmen zur Verfügung stehen. Diese Offenheit läuft unter dem Stichwort «Interne Öffentlichkeitsarbeit» und ist ein wichtiger Identifikationsfaktor.

*«Die Finanzdaten wurden regelmäßig am Weißen Brett bekanntgegeben, und offene Büros sorgten dafür, daß jeder zu jedem leicht Zutritt hatte.»*[26]

Diese Form der internen Öffentlichkeitsarbeit hat ein vorrangiges Ziel: Vertrauen und Identifikation zu schaffen!

# Flexible Aufgabenverteilung/ Selbstverwirklichung

Ein großer Vorteil dezentraler Strukturen besteht in der Flexibilität, mit der sie die Verteilung der anstehenden Aufgaben handhaben können. Derjenige, der die meiste «Lust» auf einen Teilaspekt der Arbeit hat, übernimmt diese Aufgabe und erledigt sie daher mit Engagement.

Eine ganze Reihe von Aufgaben, deren Regelung bisher in den Händen des Managements lagen, können von Gruppen selbstverwaltet werden. Das fängt mit der Arbeitszeitregelung an, geht bis zur Festlegung der Gehälter der Teammitglieder und funktioniert selbst bei der Einstellung von neuen Mitarbeitern:

*«Die Arbeiter kümmern sich auch darum, neue Mitarbeiter für ihre Teams zu gewinnen oder abzulehnen. Heutzutage muß jeder, der sich bei Semco beispielsweise als Maschinenschlosser bewirbt, ein Vorstellungsgespräch mit einer Gruppe von Maschinenschlossern bestehen – nicht mit einem Manager. Das ist so ziemlich das Schlimmste, was ihm passieren kann. Mit einem Manager könnte er ja vielleicht noch klarkommen, aber an Leuten, die ihren Job ganz genau kennen und vielleicht eines Tages seine Kollegen sind, kommt er nicht so leicht vorbei.»*[27]

Prozeßdenken erfordert es, jeder Rolle Verantwortung und damit Macht einzuräumen. Teams und Gruppen sollten ganz genau darüber orientiert sein, welche Aufgaben sie selbst verteilen können und welche anderen Instanzen vorbehalten sind. Wer stellt Mitarbeiter ein? Wer trifft welche Entscheidung? Wer bewertet die Mitarbeiter, wer die Vorgesetzten?

Natürlich führt dieses Mehr an Einfluß auch zu einer größeren Selbstverwirklichung in der Arbeit; und damit zu höherer Arbeitsmotivation. Auf das Thema Motivation durch Selbstverwirklichung gehe ich weiter unten noch ausführlicher ein.

## Beweglichkeit/Schnelligkeit

*«Nur wer in der Lage ist, verschiedene Unternehmensbereiche rund um den Globus immer wieder neu zu einem globalen Unternehmen zu vernetzen, hat im nächsten Jahrtausend eine Chance.»*[28]

Prozeßgerechte Strukturen schaffen vor allem anderen eine gewisse «Flüssigkeit», die den Anforderungen der Veränderbarkeit gerecht wird. Auch diese Bedingungen erfüllen Gruppen, Teams und Netzwerke, und deshalb sind sie starren Strukturen überlegen.

Tom Peters beschreibt Unternehmen, die bereits ohne feste Arbeitsplätze auskommen und in denen Mitarbeiter ihre Unterlagen und Utensilien in rollbaren Schränken mit zum Ort ihrer Aufgabe nehmen. So wird fast ausschließlich projektorientiert, das heißt aufgabenorientiert, gearbeitet. In der außerordentlich erfolgreichen Firma SAP spielt Projektarbeit ebenfalls eine große Rolle.

## Lernen zu lernen

Ein oberflächliches Argument der Angst-vor-Leute gegen Teams/Projekte lautet: «Das sind keine Experten, wie also sollen die Leute richtig entscheiden?»

Wer so argumentiert, übersieht, daß es schon längst nicht mehr genügt, «einmal für immer» zu lernen und sich dann als Experte zu bezeichnen. Das Wissen erneuert sich mittlerweile so schnell, daß es darum geht, ständig neu zu lernen, was zur Bewältigung einer Aufgabe nötig ist. Dabei stellt sich heraus, daß diejenigen besser lernen, *die lernen wollen, und nicht die, die glauben, schon alles gelernt zu haben.* Wer also Begeisterung aufbringt für die von ihm übernommene Aufgabe – und das sind oftmals gerade die sogenannten Laien –, lernt erstens besser und zweitens genau das, was er braucht.

*«Der größte Teil des Expertentums bzw. des Fachwissens sollte – und kann – auf Arbeitsgruppen, Produktionszirkel, Projekt- und andere Gruppen verteilt werden.»*[29]

Darüber hinaus bearbeiten Experten stets nur einen Teil der Aufgabe, und ihr Expertentum führt leicht zur Zementierung vorhandener Strukturen. Im Team kann die Aufgabe gemeinsam bearbeitet werden, wodurch funktionelle Schranken abgebaut und Schnittstellenverluste gering gehalten werden.

## Kundennähe/Unternehmergeist

Nicht wenige Unternehmen behandeln ihre Mitarbeiter wie Kinder und verlangen gleichzeitig unternehmerisches Denken und Handeln. Dieses Verhalten ist allerdings äußerst naiv und gerät selten über Appelle hinaus, da die Mitarbeiter nicht selbst Unternehmer sind.

Ein Unternehmer hat Eigentum am Unternehmen, genießt den Nutzen oder Schaden aus seinen Entscheidungen und verfügt über eine große Entscheidungskompetenz. Je mehr dieser Faktoren auf den Mitarbeiter übergehen, desto mehr wird er in der Folge unternehmerisch denken.

> *«Einheiten wie die Business Development Teams von Titeflex sind ‹Geschäfte›. Ihre Mitarbeiter sind ‹Geschäftsleute›... Wenn ich diese merkwürdigen Ideen mit anderen bespreche – zum Beispiel das Verwandeln aller Arbeiten in Projekte –, kontern meine Gesprächspartner immer wieder mit: ‹Na gut, bei CNN oder EDS schon. Aber wie schaut es aus mit der wirklichen Welt?› Wirklicher als bei den Schlauchmachern von Titeflex geht es nicht mehr.»*[30]

Zur Flexibilität von Gruppen/Teams/Projekten gehört auch deren größere Nähe zum Kunden und die Schnelligkeit in der Anpassung an veränderte Kundenwünsche. Wenn Mitarbeiter des Vertriebs im Projekt sitzen oder sogar Kunden selbst einbezogen werden und mitentscheiden, wird deren Kundennähe den Entwicklungsprozeß von Produkten und Entscheidungen beeinflussen.

Wird sichergestellt, daß Gruppen direkten Kontakt zum Kunden haben, wird aus einer kleinen Arbeitseinheit ein kleines Unternehmen:

«‹Alles sieht anders aus, wenn sich ein richtiger Kunde am anderen Ende des Telefons über Sie aufregt›», sagt Barnevik. Diese direkte Verbindung zum Kunden verwandelt die kleine Einheit in ein richtiges Geschäft.»[31]

Wer selbständig denkende Mitarbeiter haben will, kann dies erreichen. Allerdings nicht durch Appelle, sondern indem er Gruppen zu quasi kleinen Unternehmungen macht, ihnen Verantwortung übergibt und das ganze Spektrum der anfallenden Aufgaben selbst erledigen läßt:

«Alle richtig geführten Projekte/Projektteams haben Kunden, manchmal interne, aber meist externe. Echte Kunden, darin sind sich die Spitzenpraktiker alle einig, erzeugen quasi automatisch ein hohes Verantwortungsbewußtsein.»[32]

Allerdings funktionieren Teams nicht «von allein». Das Topmanagement muß sich auch seine neuen Aufgaben klarmachen; und eine wesentliche besteht im Schaffen passender Rahmenbedingungen. Unter veränderten Bedingungen müssen alle lernen!

# Veränderungen prozeßhaft einleiten

Das Buch von Ricardo Semler, aus dem ich hier häufig zitiere, hat mich vor allem unter einem Aspekt fasziniert. Hier hat ein junger Mann innerhalb von zwölf Jahren ein Unternehmen grundlegend verändert und dabei, ohne den Begriff zu kennen, reine Kontextarbeit oder Prozeßarbeit geleistet. Er brachte Bewußtheit in sein Tun, indem er sich und seinen Managern einfache Fragen stellte:

– Was genau tun wir?
– Warum tun wir das?
– Ist es wirklich so, wie wir glauben?
– Wie können wir anderes oder Neues tun?

Neue Ideen und Vorschläge probierte er dann mutig aus. Er selbst nennt seine Art des Vorgehens «natürliches Management», was eine zutreffende Bezeichnung ist, und er hat damit wirksame prozeßgerechte Strukturen aufgebaut. Dabei war ein wesentliches Mittel seiner Vorgehensweise «Einfachheit».

Auch hierzulande versuchen sich eine Reihe von Firmen an dieser Aufgabe, allerdings nicht immer mit Erfolg. Ein Grund, warum diese Veränderungsversuche oft schiefgehen oder sich totlaufen, liegt darin, daß sie quasi angeordnet werden. Sie geschehen nicht organisch, aus dem Unternehmen kommend und auf es abgestimmt, sondern werden nach dem Motto «Leute, ab morgen seid ihr ein Team», «erdacht» und «beschlossen».

Ein großes Versicherungsunternehmen, dort sollte ich Prozeßbegleitung machen, startete gerade seinen dritten Versuch, Teamarbeit einzuführen. Die betroffenen Mitarbeiter waren entnervt und zugleich belustigt, an Teamarbeit aber glaubte kaum jemand. Der Fehler bestand einfach darin, daß man versuchte, prozeßgerechte Strukturen auf gewohnt hierarchische Weise einzuführen – per Anweisung. Man kann wahrscheinlich alles mögliche verordnen, aber bestimmt nicht Team- oder Projektarbeit.

Es kommt also ganz wesentlich darauf an, *wie und von wem* Strukturen verändert werden.

## Die Geschäftsführung muß Veränderungen einleiten

Zwar befassen sich interne Personalentwickler oft als erste im Unternehmen mit der Veränderung alter oder der Einführung neuer Strukturen. Erfahrungsgemäß hat die Personalabteilung jedoch nur begrenzten Einfluß. Selbst wenn ein Personalvorstand neue Strukturen einführen will und dabei nicht die volle Deckung des Gesamtvorstandes hat, wird das Unternehmen nicht über halbherzige Verbesserungsversuche hinauskommen.

Ein Hindernis bei Veränderung ist, daß jeder darauf wartet, bis *die anderen* sich verändert haben. Das trifft in besonderem Maße auf die Unternehmensleitung zu. So ist das Unternehmen sicher kein Einzelfall, das eine Strukturanalyse in Auftrag gab, die erst unterhalb der Vorstandsebene ansetzen durfte. Was soll man von einem Vorstand halten, der zwar die Vorteile moderner Arbeitsstrukturen ernten, sich selbst jedoch aus dem Veränderungsprozeß ausklammern will?

Natürlich muß eine Veränderung auch im Verhalten der Unternehmensführung sichtbar werden, sonst wirkt sie unglaubhaft und wird nicht unterstützt, denn Mitarbeiter orientieren sich nicht an den offiziellen Ansprüchen und Aussagen der Führung, sondern an den *geheimen Regeln* des Unternehmens, die auf tatsächlich gezeigtem Verhalten beruhen. Wenn beispielsweise vorwiegend individuelle Leistungen belohnt und beachtet werden, offiziell aber die Gruppenarbeit gewollt wird, geht der Schuß nach hinten los. Die Mitarbeiter können «zwischen den Zeilen» lesen, kennen die Regeln und beobachten die Vorgesetzten sehr genau.

Sicherlich gehört die Planung und Durchführung struktureller Veränderungen zu den spezifischen Managementaufgaben. Sie sollte jedoch nicht getrennt von den Mitarbeitern geschehen, denn diese haben jede Menge Anregungen und Einwände, die im Einführungsprozeß berücksichtigt werden müssen, wenn sie nicht zum Hindernis werden sollen. Diese Form der Überzeugungsarbeit ist unerläßlich, denn, *was nutzen die besten offiziellen Vorhaben, wenn niemand daran glaubt?*

Der Vorstandsvorsitzende der Webasto AG, Rudi Noppen, die nach einer erfolgreichen Umstrukturierung für sich in Anspruch nimmt: «Wir haben Krisenmanagement vor der Krise gemacht», sagt:

> *«Veränderungen werden akzeptiert, wenn Manager die Mitarbeiter einbinden und nicht in starren Hierarchien denken.»[33]*

*Die wahrscheinlich beste Art und Weise, prozeßgerechte Strukturen einzuführen, besteht darin, sie prozeßhaft einzuführen.* Das bedeutet, alle Standpunkte und Beteiligten in den Einführungsvorgang mit einzubeziehen und an der Entwicklung neuer Strukturen teilhaben zu lassen, denn schließlich sollen diese Menschen die neuen Strukturen tragen. Dazu gehören eine Reihe von Schritten, die ich im folgenden kurz skizzieren möchte.

## Vorhandene Informationen entdecken und nutzen

Erinnern wir uns daran, daß sich der Veränderungsprozeß immer bemerkbar macht, selbst wenn wir seine Signale übersehen. Eine Möglichkeit, solch verborgene Informationen ans Licht zu fördern, beschreibt Semler:

> *«Die Komiteemitglieder hatten keine Lust, ihren Bossen an einem Tisch gegenüberzusitzen und frei zu sprechen, wenn sie entlassen werden konnten, weil sie eine Lippe riskiert hatten. Das war ein vernünftiges Argument, also garantierten wir ihnen, daß sie in der Zeit, in der sie im Komitee saßen, sowie ein Jahr lang danach nicht rausgeschmissen würden. Und damit kamen die Dinge in Bewegung.»[34]*

Unzufriedenheit, Langeweile, Spannungen – all das sind Informationen, die nutzbar werden, sobald Manager den Mut aufbringen, sich ihnen zu stellen. Die Mitarbeiter sind ohne weiteres in der Lage zu äußern, was ihnen nicht paßt. Gleichzeitig haben sie eine Menge Verbesserungsvorschläge parat, die sie bisher aus Angst vor den Konsequenzen ihrer Kritik zurückhielten.

Leider fehlt den meisten Managern der Mut, sich der direkten sachlichen, aber auch der menschlichen Kritik zu stellen, was wohl vor allem daran liegt, daß sie im Umgang mit menschlichen Belangen nicht ausgebildet sind. Doch sobald der lähmende Einfluß der Angst, wie im Beispiel Semco oder auf andere Weise, aufgehoben wird, sprudeln die Ideen und Einfälle.

Ein Abteilungsleiter äußerte sich nach einem zweitägigen Workshop überrascht davon, «daß meine Mitarbeiter sich mit den gleichen Dingen beschäftigen, die mir am Herzen liegen». Insgeheim hatte er angenommen, die Kritik der Mitarbeiter würde sich vorwiegend an seiner Person aufhängen, aber die Leute befaßten sich weit mehr als erwartet mit Arbeitsabläufen und Produktqualität.

Manager müssen die Impulse der Veränderung suchen. Es wäre schon fast eine Anmaßung, würde das Management sich einbilden, alle Hinweise zu notwendigen Veränderungen bereits zu kennen. Diese Informationen liegen im Unternehmen verstreut, sind zum Teil unter Angst verdeckt oder werden aus fehlendem Glauben an den Veränderungswillen des Topmanagements ganz einfach zurückgehalten. Werden jedoch ernsthafte Initiativen gestartet, diese brachliegenden Informationen zu sammeln, kann folgender Eindruck bestätigt werden:

*«Obwohl oft Außenstehende geholt werden ... konnten wir die Erfahrung machen, daß eine überraschend große Zahl von Unternehmen längst schon genügend Informationen besitzen, um von sich aus feststellen zu können, was wie schnell verändert werden muß.»*[35]

Eine (traurige) Bestätigung dieser Einschätzung gibt Gerstner, seit zwei Jahren IBM-Chef:

*«Wenn ich in die IBM-Akten schaue, und ich bin bis 1980 zurückgegangen, finde ich brillante Branchenanalysen. Die Mitarbeiter haben ganz genau gesehen, wie sich die Branche, die Technik und die*

*Bedürfnisse der Kunden entwickeln. Sie haben den Siegeszug des Personalcomupters vorausgesagt und die dramatischen Leistungssteigerungen bei den Mikroprozessoren ... all die klugen Erkenntnisse wurden nicht schnell genug umgesetzt.»*[36]

Von wem nicht umgesetzt? Von den Angst-vor-Leuten, den situativen Managern. Zu langes Verharren an der Handlungsschwelle kann selbst einen Konzern wie IBM an den Rand des Abgrunds bringen.

## Sehen, was «unbewußt» bereits funktioniert

Informationen sind immer da, aber oft außerhalb bewußter Wahrnehmung. Das bedeutet gleichzeitig, daß sie unstrukturiert und ohne Zusammenhang «durcheinanderfliegen», quasi eine undurchsichtige Informationswolke bilden.

*«Was vielfach fehlt, sind also nicht die Fakten, sondern eine wohlorganisierte Zusammenfassung aller vorhandenen zweckdienlichen Daten, Ideen und Beobachtungen, die auf bestimmte Art und Weise bessere Erklärungen dafür liefert, wie das Unternehmen derzeit arbeitet. ... Aber es bedarf einiger Anstrengungen auf seiten des Managements, um herauszufinden, was bereits bekannt ist, wie innerhalb des Unternehmens gedacht wird und welche Befürchtungen es gibt. Anschließend lassen sich diese Informationen dazu verwenden, die schwierigen Aufgaben anzupacken.»*[37]

Anstatt den Leuten blindlings neue Strukturen aufzuzwingen und sie in veränderte formale Abläufe zu zwingen, kann das Management beobachten, wie die Menschen ihre Arbeit «von selbst» organisieren, denn in fast allen Unternehmen funktionieren viele Dinge nicht wegen, sondern trotz bestehender Strukturen und Führung.

Beeindruckend ist ein Beispiel einer Procter & Gamble gehörenden Firma, das Robert Watermann beschreibt. Dort fiel einem Manager auf, daß das Produktionsziel normalerweise nur zu 50% erreicht wurde, an Wochenenden jedoch fast zu 100%. Der zuständige Manager suchte nach einer Erklärung und fand sie schließlich: An Wochenenden waren die Vorgesetzten nicht da, und die Arbeiter konnten sich ihre Arbeit selbst einteilen. Das war die Geburtsstunde der selbstlenkenden Gruppen bei P&G.

Auf die Frage, wie sie es geschafft haben, aus einem vor der Schließung stehenden Bundesbahnbetrieb die rentabelste Waggonfabrik Europas zu machen, antworteten die Manager: «Indem wir jede Vorschrift ignoriert haben.»

Mitarbeiter haben also im Laufe der Zeit gelernt, wie sie was tun müssen, damit ihre Arbeit wirklich funktioniert, auch wenn sie dabei offizielle Wege umgehen müssen. Diese meist auf informellen Netzwerken basierenden Strukturen aufzugreifen und ihre Vorgehensweisen zu legalisieren, verändert schon eine ganze Menge.

*«Viele Führungskräfte wenden erhebliche Mittel auf, um ihre Unternehmen umzustrukturieren. Sie entwerfen immer neue Organisationspläne, um von den Ergebnissen dann doch enttäuscht zu sein. Der Grund ist einfach: Ein Großteil der Arbeit in den Unternehmen geht ungeachtet der formalen Organisationsstruktur vonstatten. Was darum mehr beachtet werden sollte, ist die informelle Organisation in Gestalt der Beziehungsnetze, die Unternehmensangehörige über ihre Abteilungen und Sparten hinaus knüpfen, um Aufgaben besser und schneller zu erledigen.»[38]*

Informationen sammeln und ordnen ist ein erster Schritt in Richtung Veränderung. Besonders hervorzuheben ist, daß auf diese Weise die Firma da abgeholt wird, wo sie tatsächlich ist, und nicht von ihr erwartet wird, einen zu großen Schritt oder Sprung zu machen.

## Workshops

Eine weitere Möglichkeit, die Organisation auf bevorstehende Veränderungen vorzubereiten, sind Workshops. Bei Workshops geht es nicht in erster Linie um konkrete Ergebnisse, vielmehr ermöglicht der informelle und informative Rahmen des Workshops den Austausch von

Daten, Meinungen und Visionen. Wichtige Fragen auf der Metaebene sind beispielsweise:

- Wo sind wir? In welcher Situation befindet sich das Unternehmen?
- Was glauben wir? Welchen Überzeugungen folgen wir? Wie wirken sich unsere Überzeugungen aus?
- Wo sind unsere Handlungen von der Enge einer Identifikation geprägt (das Muß)? Sind diese Überzeugungen noch zu halten? Welche Informationen sprechen dagegen? Könnte es auch anders sein, als wir glauben?
- Was trauen wir uns nicht? Wovor fürchten wir uns?
- Welche Visionen in bezug auf Veränderung tauchen auf?
- Wo wollen wir hin? Was ist unser Ziel?
- Was würden wir tun, wenn wir morgen neu anfingen und es keine Strukturen gäbe, die uns begrenzen?
- Was wollen wir verändern? Bis wann?
- Wie kann das geschehen?

Workshops geben auch Gelegenheit, Informationen über Erfahrungen anderer Unternehmen weiterzugeben, wirtschaftliche Rahmendiskussionen zu führen und Ängste und Befürchtungen zu erörtern.

Darüber hinaus können bestimmte Fragen Denkprozesse einleiten, die sich über den Workshop hinaus fortsetzen und später in der Projektarbeit aufgegriffen werden. Beispielsweise stelle ich auf einem Workshop den beteiligten Bereichsleitern einige einfache Fragen:

- Womit sind Sie unzufrieden?
- Was würde Sie glücklicher machen?
- Was würden Sie verändern?

Manager stellen solche Fragen häufig nicht, weil sie utopische Ansprüche und Erwartungen von seiten der Mitarbeiter befürchten. In solchen Fällen besteht das für Manager überraschende Ergebnis meist darin, daß fast alle Antworten unmittelbar den Geschäftsbetrieb betreffen:

... wenn der Wareneingang endlich funktionieren würde!
... wenn man uns ernst nehmen würde!
... wenn die Zentrale tatsächlich ein Serviceunternehmen für die Filialen wäre, wie es immer behauptet wird!

Gibt man ihnen Gelegenheit dazu, fangen die Leute sogleich an, konkrete Verbesserungsvorschläge zur Alltagsarbeit zu machen. Schließlich sind sie es, die unter willkürlichen Entscheidungen und unsinnigen Bestimmungen zu leiden haben.

In Workshops kann ein großer Teil der wichtigen Überzeugungsarbeit geleistet werden, denn ohne Einsicht in die Notwendigkeit und die Vorteile neuer Strukturen werden die Mitarbeiter diese nicht umsetzen. Es gilt, das über Jahrzehnte gewachsene Mißtrauen der Menschen durch vertrauensgewinnende Maßnahmen wie Workshops, offene Diskussionen, Kompetenzübertragung usw. aufzulösen und Bereitschaft zu schaffen.

## Projektgruppen

Die Aufgaben, die im Unternehmen bereits vorhandenen Informationen zu strukturieren und die Ergebnisse der Workshops zu konkretisieren, können interessierte Mitarbeiter in Projektgruppen in Zusammenarbeit mit externen Kräften leisten. Externe Kräfte vertreten hier die Rolle des an internen Vorgängen unbeteiligten, außenstehenden Beobachters, aus dessen Perspektive wichtige Zusammenhänge deutlich werden können und der als Vermittler zwischen verschiedenen Interessengruppen fungieren kann.

Die dazu von der Geschäftsführung ins Leben gerufenen Projektgruppen, die sich mit Veränderungen befassen und alle am Veränderungsprozeß beteiligten und für ihn wichtigen Personen zusammenbringen, können sich mit strukturellen oder auch fachlichen Aufgaben befassen. Sie können «von oben», «von unten» oder «bereichsübergreifend» arbeiten. Sie stellen erste konkrete Schritte in Richtung der praktischen Einführung prozeßbezogener Arbeitsformen dar.

*«Während der Anstoß und die machtvolle Unterstützung einer solchen Aktivität von der Spitze ausgehen müssen, erfolgt die spätere praktische Arbeit durch Prozeßverantwortliche und Prozeß-Teams.»*[39]

Nur Informationen zu sammeln und zu strukturieren, genügt allerdings nicht. Man muß den Menschen auch die Möglichkeit geben, das zu verändern, was ihnen nicht gefällt, das heißt, sie mit bestimmten Befugnissen auszustatten. Sonst läuft die Projektgruppe Gefahr, zur Alibiveranstaltung zu werden. Eine solche gutwillige, aber hilf-, weil machtlose Gruppe erhielt in einem Unternehmen den Namen «Muppet Show».

Bekommt eine Projektgruppe aber grünes Licht, also Entscheidungsspielraum und Rückendeckung, liegt ein Vorteil dieser Vorgehensweise darin, daß diejenigen, die eine Änderung durchführen wollen, auch die Gelegenheit bekommen, ihre Ideen umzusetzen. Sie sind dementsprechend motiviert.

## Informationspflicht – interne Öffentlichkeitsarbeit

Ohne Vertrauen wird die Einführung prozeßgerechter Strukturen ein quälender Vorgang. Die Mitarbeiter hören von einer Projektgruppe, die etwas Neues machen soll, und jede Menge andere Gerüchte und reagieren zur Sicherheit mit Zurückhaltung.

Alle, auch die Manager, warten auf den großen Knall, den Tag X, an dem «es losgeht» und sie als Teams arbeiten – oder werden auf diesen Termin vertröstet. Wenn die Mitarbeiter Monate nach den ersten Ankündigungen noch immer nicht orientiert sind, reagieren sie mit Distanzierung.

Dabei könnte eine umfangreiche interne Dokumentation aller Ereignisse, auch in ihrer Widersprüchlichkeit und Problematik, die geplante Veränderung als das deutlich machen, was sie ist: als einen Prozeß und nicht als den Urknall.

# Der Übergang – Learning!

Wer bis hierhin gekommen ist, hat die Handlungsschwelle überschritten. Jenseits der Grenze, jenseits des gewohnten und eingespielten Verhaltens gibt es keinen geraden und vorhersehbaren Weg. Schon gar nicht lassen sich die Schritte eines Prozesses zum vornherein festlegen. Wir sind auch hier teilweise auf Versuch und Irrtum angewiesen. Was wir tun können, ist, die Veränderung so gut als möglich auf die besonderen Bedingungen des Unternehmens abzustimmen und so gründlich als möglich vorzubereiten.

Um so wichtiger ist es, der Organisation nicht von außen ausgedachte Veränderungen aufzuzwingen, gegen die sie sich wahrscheinlich sperren wird. Jede Organisation wartet insgeheim schon lange auf die Gelegenheit zur Veränderung; und dieser Veränderungsdrang sollte genutzt werden. Dann kann Veränderung als Befreiung und nicht als Zwang erlebt werden.

Selbstverständlich stellt die Einführung prozeßorientierter Arbeitsstrukturen, die ja eine Kontextänderung erfordert, einen Lernprozeß für die ganze Organisation, besonders aber deren Führungskräfte dar. Besonders bei großen Unternehmen empfiehlt es sich dabei, einen Ratschlag von Prof. Malik zu berücksichtigen:

*«Zum dritten wissen erfahrene Führungskräfte, daß man nie eine Lösung system- oder organisationsweit einführt, bevor man sie nicht auf zwei bis drei Testgebieten ausprobiert hat.»*[40]

Um die Angst vor Veränderung zu berücksichtigen, die möglicherweise berechtigte Elemente haben kann, können einzelne Abteilungen versuchsweise von Grund auf neu strukturiert werden, wie es Tom Peters am Beispiel einiger amerikanischer Krankenhäuser beschreibt. Dann kann das Unternehmen von sich selbst lernen.

Ich bin allerdings auch schon Unternehmen begegnet, die nicht auf die Idee kamen, von sich selbst zu lernen. Nachdem zwei Abteilungen auf Teamarbeit umgestellt waren und nun auch der Rest der Firma folgen sollte, wurde diese Aufgabe einer externen Beraterfirma übertragen. Die fingen dann von vorne an, und das ganze in zwei Jahren gesammelte Wissen blieb ungenutzt.

## Prozeßbegleitung durch externe Begleiter

Sicher ist der Hauptfaktor aller hier beschriebenen Veränderungen der Mensch und nicht die «Technik», die «Strategie» oder «Planung».

Menschen können jede noch so gute Planung leerlaufen lassen, wenn sie sich ungerecht behandelt fühlen oder falsch behandelt werden. Dieser Fakt macht es für die meisten Manager schwierig, Prozesse zu begleiten, denn sie verstehen relativ wenig von Menschen und von prozeßgerechtem Umgang mit ihnen.

Beispielsweise erklärte der Geschäftsführer eines Unternehmens, zwischen ihm und seinen Mitarbeitern sei «eine große Distanz. Was ich anordne, kommt unten einfach nicht an.» Warum zogen die Mitarbeiter nicht mit? Weil einige Monate zuvor aufgrund der Empfehlung einer Beraterfirma 15 Prozent der Mitarbeiter entlassen worden waren. All das war geschehen, ohne die Menschen über die Hintergründe und Ziele dieses Eingriffs zu informieren. Da nun auf die gleiche, *getrennte* Weise jetzt Teamarbeit verwirklicht werden sollte, ist es nicht verwunderlich, daß die Mitarbeiter mauern. Verbundener Umgang mit Menschen ist nicht unbedingt Sache eines jeden Managers. Manager wollen machen – nicht lernen.

Aus diesem Grund und aus meiner Erfahrung heraus halte ich für eine Übergangsphase die Unterstützung durch externe, im Umgang mit Menschen erfahrene Begleiter für unumgänglich. Irgend jemand muß die menschliche Kompetenz in den Lernprozeß einbringen; und für diese Aufgabe eignen sich Externe oftmals besser als Manager, die in der Reaktion der Mitarbeiter den Sünden ihrer Vergangenheit begegnen, das heißt, mit Skepsis und Mißtrauen betrachtet werden.

Kompetenz im Umgang mit einzelnen, Gruppen, Projekten und Teams ist ein wesentlicher Faktor des Erfolges. Sie ist Thema der nächsten Kapitel.

# Prozeßhafter Umgang mit Mitarbeitern

*«Aber es hat den Anschein, daß die klügsten Unternehmen heutzutage diejenigen sind, die bei den bewußten Investitionen in Beziehungen – den stetigen, ständigen, mit Leidenschaft und mit einem festen Ziel im Auge getätigten – ganz vorne liegen.»*[41]

Prozeßgerechter Umgang mit Menschen bedeutet, den Aspekten der Veränderung Rechnung zu tragen, denen einzelne und Gruppen ausgeliefert sind.

Ich wähle hier bewußt den Begriff «ausgeliefert», weil wir uns tatsächlich weder aussuchen können, ob wir uns verändern wollen, noch wie diese Veränderung aussehen soll.

Unter Prozeßgesichtspunkten lautet die Frage nach Veränderung nicht primär: «Was will ich verändern?», sondern «Was will *sich* verändern?» Erst, wenn deutlich ist, was *sich* verändern will, wie *sich* der Markt entwickelt, wie *sich* die Kunden verhalten, was *sich* verkaufen läßt, wie *sich* die Mitarbeiter verhalten usw., erst dann kann die Frage beantwortet werden, «was *ich* tun oder verändern will», um auf den Wandel zu antworten und ihm zu entsprechen.

Gehen wir also davon aus, daß der Prozeß und die Richtung einer Veränderung sowie die Möglichkeiten der Reaktion darauf in einem Unternehmen herausgearbeitet wurden. Die Fragen «Was soll verändert werden?» und «Wie soll es verändert werden?» sind also beantwortet. Dann bleibt allerdings eine in bezug auf den Umgang mit Mitarbeitern besonders wichtige Frage offen. Sie lautet: «*Wer* soll die Veränderung durchführen?»

Dies ist nicht die Frage nach bestimmten Personen, dem Manager Müller beispielsweise, sondern nach dem Verhalten und der Haltung der Personen, die für die Veränderung verantwortlich sind.

Herr Müller ist immer der Geschäftsführer, aber in bezug auf einige Dinge ist er *der autoritäre Müller*, in bezug auf andere Sachverhalte *der kooperative Müller*.

Jeder Mensch kann fast jederzeit seine Haltung verändern und damit «ein anderer werden». Oder er kann etwas Bestimmtes sagen und das Gegenteilige tun. Ein Beispiel dafür wäre der Vorgesetzte, der Gruppenarbeit anordnet, sich selbst aber daraus ausschließt und «führt» wie bisher. Er lebt nicht vor, was er von anderen erwartet.

Normalerweise antworten Manager auf die Frage «Wer sind Sie?» Dinge wie «Ich bin ein kooperativer, kommunikativer Manager» oder ähnliches. Beispielsweise glaubte der Abteilungsleiter einer großen Versicherung, zum modernen und aufgeschlossenen Managertyp zu gehören. Eines Tages wurde ich Zeuge, als er zornesrot und mit beträchtlicher Lautstärke einen Mitarbeiter zurechtwies. Wer war er in diesem Augenblick tatsächlich, unabhängig von dem, der er zu sein glaubt? Er war ein ganz alltäglicher, autoritärer und willkürlicher Manager, der seine Launen an einem Mitarbeiter ausließ.

Wir glauben, jemand Bestimmtes zu sein, aber wir fallen öfter aus der Rolle, als uns bewußt ist. Als WER handelt ein Manager, der Versprechungen nicht einhält? Als WER handelt ein Manager, der Informationen zurückhält? WER soll eine Veränderung durchführen, wenn sich der Manager, der dafür verantwortlich zeichnet, selbst nicht ändert?

Manchmal bitte ich zu Beginn eines Führungsseminares die Manager, alles aufzulisten, was zu einer zeitgerechten Mitarbeiterführung gehört. Nach wenigen Minuten steht die komplette Liste da. «Kooperativer Führungsstil, zuhören können, Kommunikationsbereitschaft, partnerschaftliches Verhalten» usw.

Man könnte sich fragen, wozu diese Menschen überhaupt zu solchen Seminaren kommen, denn sie wissen doch alles. Leider handelt es sich bei diesem Wissen oft nur um theoretisches Bewußtsein. In der Praxis sind die Manager seltener, was sie sein wollen, als sie selbst glauben. Das ist ein Grund, warum ich mit ihnen daran arbeite, zu entdecken, *wer sie in einer bestimmten Situation tatsächlich sind!*

Vor kurzem begleitete ich ein Team, das Probleme mit seinem Leiter hatte. Zu Beginn der Aussprache vereinbarten wir eine Reihe von Beziehungsregeln, von denen eine lautete: «Keine Beleidigungen, keine persönlichen Angriffe». In den drei Stunden wurde ich von der

Führungskraft etwa zwanzigmal beleidigt und persönlich angegriffen. Der Mann war mit der Teamführungsaufgabe restlos überfordert; und trotzdem glaubte er, einen kooperativen Führungsstil zu haben.

Veränderungen scheitern oft, weil die Personen, die sie durchführen wollen, nicht mit der Veränderung kongruent sind. Deshalb ist es wichtig zu reflektieren, wer ich bin. Bin ich der, der ich zu sein glaube, oder steuert ein unbewußter Kontext mein Verhalten? Sind meine Worte fortschrittlich, aber mein Verhalten paßt nicht dazu? Bin ich tatsächlich so kommunikativ, wie ich glaube, oder halte ich Informationen zurück? Glaube ich trotz dieser oder jener Schwierigkeit an mein Ziel, an den Sinn der Veränderung, oder falle ich in alte Denk- und Wahrnehmungsgewohnheiten zurück? Wer bin ich – jetzt/heute/in dieser Phase?

In den folgenden Kapiteln geht es um den prozeßgerechten Umgang mit Gruppen und Individuen und um die Frage: Wer bin ich? – Führungskraft oder Prozeßkoordinator? Wie muß ich mich als Führungskraft verhalten, um mit dem Veränderungsprozeß kongruent zu sein?

Die Themen sind im einzelnen:

- Koordination contra Führung
- Aspekte der Motivation
- Der Mitarbeiter als Reaktion
- Prozesse in Gruppen
- Konfliktfähigkeit
- Auf funktionierende Beziehungen hinarbeiten
- Prozesse begleiten

# Koordination contra Führung

*«Fast alle Unternehmen glauben, daß ihre Mitarbeiter engagiert und an der Firma interessiert und somit ihr größter Aktivposten seien. Fast alle Mitarbeiter glauben, daß man ihnen zu wenig Aufmerksamkeit und Achtung erweise und daß sie nicht sagen könnten, was sie wirklich denken.»*[42]

## Führung

Warum eigentlich brauchen Unternehmen eine Hierarchie im traditionellen Sinn? Warum müssen Menschen *geführt* werden? Weil ... sie den Weg nicht kennen? Weil ... sie sich sonst verlaufen? Weil ... sie dumm sind und Anleitung brauchen?

Der Begriff der Führung suggeriert, ein einzelner kenne den Weg, den die Gruppe zu gehen hat, deshalb sei er «Führer» und die anderen brauchen ihm nur zu folgen, dann würden alle ans Ziel gelangen. Der Begriff und die Vorstellung des Führens muten in Zeiten, da der Markt weniger einer vierspurigen Autobahn und mehr einem sich permanent verändernden Dschungel gleicht, paradox an. Niemand kann heute für sich in Anspruch nehmen, den Weg allein zu kennen.

Lassen Sie mich an dieser Stelle einige kritische Worte zur «Führung» äußern, die aber nicht bedeuten, Vorgesetzte und Hierarchien wären überflüssig. Meiner Meinung nach werden Leiter gebraucht, aber keine Führer. Der Begriff des Führers stammt aus dem militärischen Sprachgebrauch; und schon deshalb ist er für zeitgemäße Arbeitsstrukturen unbrauchbar. Gruppen haben einen Gruppenleiter, keinen Gruppenführer, und auch Unternehmen werden geleitet und nicht geführt. Trotzdem verhalten sich viele Unternehmensleiter so, als ob sie Führer wären.

*Führung*skräfte hängen in der Vorstellung fest, die besseren, klügeren oder bedeutenderen Menschen zu sein. Sie legen Wert auf Privilegien, die sie von normalen Mitarbeitern unterscheiden, und verbergen ihre vielfältigen Ängste hinter einer Fassade der Souveränität.

Vor kurzem besuchte ich nach einer Seminarwoche im Mittelmanagement die Holding der betreffenden Firma. Der Kontrast war immens. Schon auf dem Parkplatz geriet ich in eine andere Welt. Chauffeure lehnten sich gegen blitzende Nobelkarossen, dicker Teppichboden im Empfangsbereich, Marmor an den Wänden, die Empfangsdame ein Mannequin ... Eines war deutlich: Hier residieren keine normalen Menschen, keine Mitarbeiter, hier treffen sich Führungskräfte.

Durch ihr *Führungs*verhalten haben sich viele Manager weit von den Mitarbeitern – und damit von den menschlichen Prozessen im Unternehmen – entfernt. Sie haben eine Reihe negativer Überzeugungen von diesen Menschen entwickelt; und sie sind aufgrund ihrer Distanz nicht gezwungen, diese im betrieblichen Alltag zu überprüfen und ggf. zu verändern. Sie müssen sich kaum jemals der Kritik durch ihre Mitarbeiter stellen.

Führungskräfte wollen ständig, daß ihre Mitarbeiter sich verändern, aber sie selbst wollen bleiben, wie sie sind. Sie werfen Leute zu Tausenden auf die Straße und bestehen für sich selbst auf sicheren Arbeitsverträgen. Sie glauben, Unternehmer zu sein, und sind oft kaum mehr als halbe Beamte oder Verwalter eines Vermögens, das ihnen nicht gehört und das sie demnach auch nicht verlieren können. Sie sprechen, wie Robert Watermann bemerkt, von Marktwirtschaft und bauen in ihren Betrieben eine zentrale Planwirtschaft auf.

Doch welcher qualifizierte, kreative, innovative Mensch will sich von irgend jemand im beschriebenen Sinn führen lassen? Der Begriff und seine Praxis schrecken im Grunde genommen ab.

Die echten Managementaufgaben werden in Zukunft darin bestehen, Verbindungen herzustellen, Kontexte zu gestalten und die Fähigkeiten der Mitarbeiter zu koordinieren. Manager wollen wichtig und bedeutend sein. Dagegen ist nichts einzuwenden. Wenn das ihre Kernmotivation ist, können sie ihr auch entsprechen, indem sie die Qualitäten des Koordinierens und Gestaltens entwickeln.

# Koordination

Früher sagte man den Leuten: Stell das Paket von hier nach da, ziehe diese Schraube an, trage diese Zahlenkolonne hier ein und addiere sie, ... und dann kontrollierte man, ob sich die Leute weisungsgerecht verhielten. Das genügte und wurde «Arbeit» genannt. Doch schon jetzt können eine beträchtliche Anzahl von Schwellenländern diese «Arbeit» übernehmen. Sie haben gut ausgebildete Mitarbeiter, Biß, niedriges Lohnniveau. Wir können auf dieser Ebene nicht mehr mit ihnen konkurrieren.

Um im Geschäft zu bleiben und Arbeitsplätze zu erhalten, müssen wir unsere Stärken ausbauen; und die bestehen wahrscheinlich vor allem in der Fähigkeit, kreativ und innovativ zu sein, und im Entwickeln und Verwerten von Information und Wissen. Die Sache hat nur einen Haken: man kann Kreativität und Innovation nicht anweisen, und sie haben wenig mit Arbeit im traditionellen Sinn zu tun. Kreativität, Wissenschaft und Innovation brauchen:

- einen *Raum,* in dem sie sich entfalten können,
- *Zeit,* in der sie sich ausdehnen können,
- eine *Atmosphäre,* durch die sie gefördert werden.

Die Voraussetzungen, nämlich gute Mitarbeiter, sind vorhanden. Das Material ist also da, es muß jedoch zusammengebracht werden. Einige der Anforderungen an den Manager der Zukunft lauten deshalb:

- Kann er Menschen und ihre Fähigkeiten zusammenbringen?
- Ist er ein guter Koordinator?
- Kann er Bedingungen schaffen, in denen sich Kreativität und Spaß an der Arbeit entfalten können?
- Kann er den Prozeß der Zusammenarbeit entstehen lassen und fördern?
- Kann er einzelnen Mitarbeitern dabei helfen, ihr Potential zu entfalten und der Gruppe oder dem Unternehmen zur Verfügung zu stellen?
- Kann er dazu beitragen, daß Menschen die «Lust an der Arbeit» behalten?

**Nur wirkliche Zusammenarbeit, nur echte Kooperation, nur ein gelebter Kontext der Verbundenheit mit den Mitarbeitern wird das Unternehmen voranbringen.**

Weiter vorne habe ich als Beispiel prozeßgerechter Strukturen die Arbeitsweise des menschlichen Körpers angeführt. Auch hier gibt es einen hervorragenden Prozeßkoordinator – das menschliche Gehirn. Worin besteht seine Aufgabe? *In der Verbindung der vielen Einzelteile des Organismus.*

*«Statt Aufgaben mit Ausschließlichkeitscharakter (Aufträgen) und Abteilungsaufträgen (Mandaten) sollten die Unternehmen die Fähigkeiten der einzelnen Menschen zu zielgerichteten Aufgaben zusammenführen.»*[43]

Aufgabe des Koordinators ist es, einen Begegnungs- und Transformationsraum herzustellen, in dem chemische Stoffe zusammenkommen, um miteinander zu reagieren. Er verbindet, gibt Raum und setzt Grenzen, informiert, vermittelt und setzt die Metafähigkeit der Bewußtheit ein, die aus seiner Distanz zu den einzelnen Teilen der Organisation stammt.

In prozeßorientierten Arbeitsstrukturen verändert sich somit das Aufgabenfeld der Führungskraft grundlegend. Sie muß dazulernen.

*«Managern verlangt das einiges ab. Insbesondere müssen sie sich viel öfter bereit finden, die in einem bestimmten Leistungsprozeß zusammenlaufenden widerstreitenden Sachzwänge, Interessen und Motive für ein positives Ergebnis zu nutzen – nicht per Anweisung, sondern per Moderation und Kontextsteuerung.»*[44]

## Zusammenarbeit statt Kontrolle

Führung und Kontrolle gehören zusammen. Früher war Kontrolle eine Hauptaufgabe des Managers. Heute ist dieses Verhalten oft zu einer unreflektierten Gewohnheit verkommen, die sich effektiver Zusammenarbeit in den Weg stellt.

Was soll man beispielsweise von einem Unternehmen (mehrere tausend Mitarbeiter) halten, in dem ein Vorstandsbeschluß existiert, bei der Mitarbeiterfortbildung keine Kekse zu reichen? In dem ein Gesamtvorstandsbeschluß herbeigeführt werden muß, wenn ein Abteilungsdirektor drei Tage Urlaub «außer der Reihe» nehmen will? In dem ein Vorstand mit seiner Ehefrau die Tapeten der Hauptverwaltung und das Geschirr der Kantine aussucht und den gesamten Innenraum in Jägerfarben streichen läßt, weil er selbst Jäger ist? In dem die Angestellten weder Einfluß auf die Farbe der Wände noch auf das Inventar haben, an dem sie tagtäglich arbeiten? In dem es zwei Monate dauert, bis Abteilungen die Erlaubnis erhalten, eine Wandzeitung aufzuhängen, deren Größe und Machart sie auch noch vorgeschrieben bekommen?

*«Die Sehnsucht nach Vorschriften und das Bedürfnis nach Innovation sind meiner Ansicht nach unvereinbar ... Wir haben herausgefunden, daß wir nahezu auf jede Vorschrift verzichten können, die diese Hauptfeldwebel erlassen, die man Controller nennt.»*[45]

Echte Zusammenarbeit verträgt keine Kontrolle um ihrer selbst willen. Dabei ist Kontrolle nicht überflüssig, aber die Menschen können sich, wie viele Beispiele zeigen, sehr gut selbst kontrollieren. So gab ein Unternehmen die Verantwortung für die Reisekosten an seine Mitarbeiter ab und machte damit gute Erfahrungen:

*«Es ist ein interessantes Phänomen»*, sagte Heath. *«Wir konnten eindeutig nachweisen, daß unsere Mitarbeiter dadurch, daß wir ihnen die Kontrolle übertragen haben, mit den Ausgaben jetzt wesentlich sorgfältiger umgehen als ich vorher, weil es jetzt ihre eigene Verantwortung ist.»*[46]

Wer auf Überwachung und Gängelei verzichtet und statt dessen Ergebnisse verlangt, wird verantwortungsbewußtere Mitarbeiter bekommen. Paradoxerweise scheinen Manager oft mehr an Kontrolle als an Ergebnissen orientiert zu sein.

*«Ich darf»*, teilte mir ein Abteilungsdirektor, der für acht Teams

zuständig ist, mit, «*selbstverantwortlich für die Firma Verträge abschließen, die unter Umständen Millionenverluste einbringen. Aber wenn ich eine Verlängerung meines Schreibtisches für 300 DM brauche, muß dafür ein Vorstand unterschreiben.*»

## Verantwortung als Funktion von Macht und Vertrauen

Manchmal schlüpfe ich auf Seminaren in die Rolle des Mitarbeiters und fordere die anwesenden Führungskräfte auf, mich dazu zu bewegen, mehr Verantwortung zu übernehmen. Doch außer Appellen, Drohungen und Belehrungen kommt dabei meist nichts Überzeugendes heraus. Nichts, was Begeisterung in mir wecken könnte, nichts, was mich «aufwecken» würde.

Warum? Weil kaum jemand mehr als Arbeit und Anweisungen zu bieten hat. Arbeit ist eine Tätigkeit, die mir jemand zuweist und die ich dann ausführe. Sie ist ein Rollenspiel mit zwei Rollen, der Führungskraft und der Ausführungskraft. Ich erledige meine Arbeit und bekomme dafür Geld. Warum sollte ich mehr tun? Was haben Sie (als Vorgesetzter) mir denn zu bieten, damit ich mehr an Verantwortung übernehme?

Bieten Sie mir Spielraum für meine Eigeninitiative? Bekomme ich die Möglichkeit, etwas durch meine Entscheidungen zu bewegen? Kann ich mich in der Arbeit verwirklichen? Was darf ich oder meine Gruppe entscheiden? Welche Macht bekomme ich?

Manager wollen einerseits die gewohnten Kontrollmechanismen behalten, und andererseits sollen ihre Mitarbeiter mehr Verantwortung übernehmen. Wie soll das zusammenpassen? Wer mehr will, muß auch mehr geben. Wer unternehmerisch denkende Mitarbeiter will, muß von seiner unternehmerischen Entscheidungskompetenz abgeben. Wer Verantwortung will, muß einen gewissen Teil seiner Macht abgeben.

«*Wie fortschrittlich muß man denn schon sein, um jemanden nach seiner Meinung zu fragen? Auf diese Meinung auch zu hören – damit fängt es doch erst an.*»[47]

## Der Mitarbeiter als Geschäftspartner

Wenn Verantwortung abgegeben wird, verliert die traditionelle Arbeitsanweisung an Bedeutung, und partnerschaftliches Verhalten tritt an ihre Stelle.

Wenn Manager unternehmerisch handelnde Mitarbeiter wollen, müssen sie diese als Geschäftspartner sehen. Dann treten sie ihren Mitarbeitern auf eine ähnliche Weise gegenüber, in der sie sich gegenüber externen Vertragspartnern verhalten. Sachverhalte werden besprochen, Lösungen gesucht und dann Vereinbarungen getroffen.

Der Verzicht auf Reglementieren und die Einführung von Vereinbarungen statt Anweisungen zwingt die Beteiligten dazu, menschliche Beziehungen aufzubauen, die auf gegenseitigen Versprechen und auf Respekt beruhen. Verbindlichkeit und größere Verantwortung sind die Folgen dieser «Vermenschlichung» der Umgangsformen. Gleichzeitig wird der Mitarbeiter als Vertragspartner gefordert, seine Verantwortung wahrzunehmen – der Vorgesetzte nimmt ihm seine Entscheidungsspielräume nicht aus der Hand:

*«Niemand kann mich dazu bringen, auch nur das Geringste zu entscheiden: Ich möchte die anderen dazu bringen, die Dinge selbst zu entscheiden.»*[48]

Zu vertrauen und nicht ständig Opfer seines Bedürfnisses nach Macht und Kontrolle, also seiner Unsicherheit, zu werden, ist eine echte Herausforderung an den Manager. Er muß den Mut aufbringen, seine Gewohnheiten in Frage zu stellen und den Mitarbeitern Gelegenheit geben, zu zeigen, was sie schon lange können.

Zwar ist der «verantwortungsbewußte Mitarbeiter» Ziel vieler Schulungsmaßnahmen. Ich glaube aber nicht, daß in traditionellen Strukturen arbeitende Manager tatsächlich den selbständigen Mitarbeiter wollen, denn in der betrieblichen Praxis bekommen die Mitarbeiter zwar Aufgaben, aber kaum Entscheidungsspielräume zugewiesen.

In Team- und Gruppenarbeit allerdings wird «der selbständig arbeitende Mitarbeiter» unbedingt gebraucht, da sonst die Gruppe nicht funktioniert. Lassen Sie uns deshalb mit Hilfe des EVÜK-Modells betrachten, wie das Ziel erreicht werden kann.

| | |
|---|---|
| Ergebnis: | Der selbständig und verantwortlich arbeitende Mitarbeiter! |
| Verhalten: | Ziele vorgeben, Vereinbarungen treffen, partnerschaftlich kooperieren. |
| Überzeugung: | Menschen wollen selbstbestimmt arbeiten und können das auch. |
| Kontext: | Partnerschaftlichkeit. |

Das Ziel «verantwortungsbewußter Mitarbeiter» zu erreichen, ist ein Entwicklungsprozeß, der die Änderung von Verhalten und Überzeugungen erfordert.

*Verhalten*

«Führung» in prozeßgerechten Strukturen geschieht durch Zielvereinbarung und Zielkontrolle.

Statt Anweisungen zu geben, Arbeit zu verteilen und Abläufe zu bestimmen, werden Ziele gesetzt, die dazu nötigen Mittel zur Verfügung gestellt und die Mitarbeiter an den Ergebnissen gemessen, die sie erzielen.

Der Vorgesetzte agiert nicht als Kontrolleur, sondern als Coach, das heißt, er hilft dem Mitarbeiter nicht direkt, aber er hilft ihm, sich selbst zu helfen. Sein Verhalten ist partnerschaftlich. Er handelt selbst zuverlässig und verantwortlich und erwartet Zuverlässigkeit und Verantwortung. Grundlage der Zusammenarbeit sind gemeinsam getroffene Absprachen; und es ist das Recht beider Seiten, auf deren Einhaltung zu achten. *Als Folge dieses Verhaltens entsteht eine von Vertrauen und Achtung getragene Beziehung, die eine gute Grundlage der Zusammenarbeit darstellt.*

*Überzeugungen*

Um sich wie beschrieben verhalten zu können, müssen Vorgesetzter und Mitarbeiter eine Anzahl ihrer Überzeugungen voneinander in Frage stellen.

Die meisten Mitarbeiter halten ihre Vorgesetzten für willkürlich, wenig vertrauenswürdig und vor allem an ihrer Karriere interessiert. Die meisten Vorgesetzten glauben, Mitarbeiter seien wenig motiviert und bilden sich ein, die Fähigkeiten ihrer Mitarbeiter einschätzen zu können.

Selbstverständlich werden solche Überzeugungen im Kontext relativer Getrenntheit, in dem Arbeit stattfindet, wieder und immer wieder neu bestätigt. Im Kontext prozeßgerechter Strukturen können sie sich aber nicht lange halten, da durch die größere Nähe und gegenseitige Abhängigkeit, die sich aus der partnerschaftlichen Vereinbarung ergibt, ein Zwang zu Verhaltens- und Meinungsänderung entsteht.

Mitarbeiter entdecken ihre Vorgesetzten als Menschen, die auf Hilfe angewiesen sind, und Vorgesetzte wundern sich darüber, welche Fähigkeiten in ihren Mitarbeitern stecken. Die starren, gegenseitigen Überzeugungen weichen auf und mache neuen, der Zusammenarbeit dienlicheren Überzeugungen Platz.

*Kontext*

Diese Überzeugungen entspringen einem Kontext der Verbundenheit und Partnerschaftlichkeit, der bedeutet: *Wer Partner will, muß Partner sein.*

# Aspekte der Motivation

Motivation ist seit je her ein zentrales Thema der Mitarbeiterführung.

«Motivieren Sie mir die Leute, die brauchen Schwung fürs nächste halbe Jahr» – solche und ähnliche Äußerungen habe ich von Personalleitern oder Geschäftsführern unzählige Male gehört. Motivation wurde und wird noch immer als etwas gesehen, das man «machen» kann – eine typische Einstellung des Situationsmanagers.

Wie Motivation in den alten Strukturen erreicht werden sollte, beschreibt ein Manager. «*Leider*», beklagte sich der Personalchef, «*kann man den Leuten heute keine Angst mehr machen.*»

Dieser Manager gehörte zur alten Schule der Vorgesetzten, die Menschen durch Druck antreiben. Die Ergebnisse dieser Haltung sind unbefriedigend – die Leute machen entweder nur das Minimum, werden kreativ im Erfinden von Problemen oder gehen einfach weg.

Versuche, Mitarbeiter mit Incentives zu motivieren, können auch nicht überzeugen. Man kann nicht auf Dauer Lust auf Arbeit erzeugen, indem man Bonbons und Schokolade verteilt. Wer motiviert ist, braucht diese Extras nicht, nimmt sie aber gern mit; und wer unmotiviert ist, wird sich davon wenig beeindrucken lassen.

Was also kann man tun, um Mitarbeiter zu motivieren? Was motiviert Menschen überhaupt?

Wenn man bedenkt, daß es im menschlichen Leben lediglich zwei unterschiedliche Handlungsantriebe gibt, relativiert sich der Glaube an die Machbarkeit von Motivation. Menschen handeln, weil sie entweder *Lust auf* etwas oder *Angst vor* etwas haben.

**Die Wahrheit in bezug auf Motivation lautet: Menschen sind motiviert, entweder durch ihre Lust oder Angst, also durch ihre individuelle Lebenssituation und die sich daraus ergebenden Ziele.**

Anstatt Motivation erzeugen zu wollen, sollten Manager herausfinden, wozu ihre Mitarbeiter motiviert sind. Schließlich versuchen Manager auch nicht, Kunden zu motivieren, sondern sie stellen sich auf Kundenwünsche ein. Würden Manager diese Haltung gegenüber Mitarbeitern entwickeln, wäre das Thema Motivation erledigt.

## Motivation und Ziele

Wirtschaften ist ein klassisches Phänomen des verbundenen Handelns trotz unterschiedlicher Ziele. Jemand braucht etwas, jemand anderes stellt es her. Wenn alle Beteiligten zu ihrem Recht kommen, wenn die Zusammenarbeit zwischen Kapitalgebern, Mitarbeitern und Kunden funktioniert, sind auch alle motiviert, denn jeder Beteiligte erreicht sein individuelles Ziel. Ziele erreichen motiviert. Was sind die Ziele der Beteiligten?

*Motivation der Eigentümer*
Eigentümer sind wahrscheinlich vorwiegend am Prestige des Besitzes und am Gewinn interessiert. Sie sind zufrieden, wenn die Firma einen guten Namen hat und einen ordentlichen Gewinn abwirft. Allerdings läßt sich Erfolg nicht allein am kurzfristigen Gewinn messen.

> «Kein Unternehmen kann – jedenfalls auf lange Sicht – Erfolg haben, wenn sein Hauptziel darin besteht, Gewinn zu machen.»[49]

Langfristiger Erfolg setzt heute mehr denn je voraus, die Ziele der Mitarbeiter, der Gesellschaft und der Umwelt miteinzubeziehen. Gewinn ist letztlich eine Funktion von Kunden- und Mitarbeiterzufriedenheit.

*Motivation der Manager*
Nur oberflächlich betrachtet sind die Interessen von Eigentümern und Managern identisch. Fast jeder Manager hält sich für einen Unternehmer. Dabei haben Manager durchaus ihre eigenen Ziele.

Ich erinnere mich an einen Geschäftsführer, der schon zum Zeitpunkt, als er die Leitung eines Unternehmens übernahm, wußte, wie lange er dort bleiben wollte. «Wenn der Umsatz 80 Millionen überschreitet, geh' ich!» Der Mann befand sich im Visier einiger Headhunter, und sein langfristiges Ziel bestand darin, die Leitung eines größeren Unternehmens zu übernehmen. Daher war sein kurzfristiges Ziel, den Umsatz zu steigern. Er kaufte «auf Teufel komm raus» Umsatz dazu, um sein individuelles Ziel möglichst schnell zu erreichen, und war weniger an der Ertragslage des Unternehmens interessiert. Solche Praktiken sind nicht identisch mit dem Gewinninteresse der Eigentümer.

Manager sind oftmals kurzfristig orientiert. Langfristige Perspektiven sind besser in Unternehmen durchzusetzen, die von den Eigentümern geleitet werden oder deren Manager von Eigentümern stark kontrolliert werden. Peters beschreibt in seinem Buch das Beispiel eines Firmengründers, dem es gelang, durch Beteiligung der Manager am Aktienkapital mehr unternehmerisches Denken und Handeln hervorzurufen:

*«Auf einmal hat er die Motivation eines Firmeneigentümers und nicht die eines Betriebsleiters», sagte Rodgers. «Zuvor hatte er nur Geld ausgegeben und versucht, den Plan einzuhalten.»*[50]

Auch Manager haben individuelle Ziele, die von denen der Mitarbeiter, Kunden und Besitzer abweichen. Wären ihre Verträge deutlicher am Erreichen von definierten Ergebnissen orientiert, würde auch bei ihnen unternehmerisches Denken eine größere Rolle spielen.

*Motivation der Mitarbeiter*

Welche Gründe könnten Menschen heute, in Zeiten, da man «den Leuten keine Angst mehr machen kann», haben, sich für ihr Unternehmen einzusetzen?

Forschungen[51] belegen, daß Nachwuchskräfte in der Tat heute mehr suchen als Geld und Ansehen. Die Erwartungen an den Arbeitsplatz haben sich verändert. Faktoren wie Arbeitsatmosphäre, ökologische Ausrichtung des Unternehmens und Selbstverwirklichung durch die Arbeit gewinnen an Bedeutung.

Damit sind wir beim meiner Meinung nach zentralen Begriff der Mitarbeitermotivation angekommen. Der Begriff «Selbstverwirklichung der Mitarbeiter» stößt bei wenigen Führungskräften auf die Anerkennung, die ihm gebührt, auch wenn Manager der oberen Etagen dieses Ziel für sich selbst in Anspruch nehmen und den Drang, etwas zu bewegen, als wichtigen Motivationsfaktor der Arbeit beschreiben:

*«Was halten Sie für das Wichtigste für einen jungen Menschen, der gerade seinen ersten Job antritt?»*
*«Die Selbstverwirklichung in der Welt der Arbeit, aus der Motivation, Kreativität und unternehmerische Schubkraft erwachsen.»*[52]

Diese Antwort gab Reinhard Mohn, Bertelsmann-Konzerngründer, anläßlich eines Interviews zu seinem 70. Geburtstag. Wahrscheinlich ist dieser Mann eine Ausnahme, und mein Eindruck ist, daß die meisten Manager glauben, die unteren Chargen sollten «arbeiten», statt sich «zu verwirklichen».

Aber was auch immer Manager glauben, die Menschen haben ihre eigenen Ziele. Für sie zählen in zunehmendem Maße nicht die Zugehörigkeit zu einem Unternehmen, nicht allein die Position oder das Gehalt, sondern die Möglichkeit, *etwas zu bewegen.*

Im Wort Selbstverwirklichung steckt die Silbe «wirk». Wir finden sie in einer ganzen Reihe von Worten, die in diesem Buch eine wichtige Rolle spielen. Wirk-lichkeit, be-wirken, ver-wirk-lichen, wirk-sam sein...

**Sich verwirklichen heißt, wirksam und dadurch wirklich zu werden. Wirklich wird der Mensch, indem er Dinge tut, deren Ergebnis er sehen, anfassen, wahrnehmen kann. Das macht ihm Sinn.**

Auch in der Erfüllung dieses Zieles scheinen Gruppen der funktionellen Aufteilung von Arbeit überlegen zu sein, weil sie mehr Möglichkeiten der Selbstbestimmung bieten. Haben auch «einfache» Arbeiter und Angestellte die Möglichkeit, etwas zu bewegen, entfalten sich Motivation und Begeisterung von alleine.

*«Schließlich beteiligten sich die Komitees an allem möglichen und mischten sich sogar in unser Geschäft ein – die Leitung eben dieses Geschäfts. Sie wiesen uns auf Manager hin, die überflüssig waren ...*

*Ständig stellten sie Ausgaben in Frage, die leitende Angestellte für vernünftig hielten.»*[53]

Dieses Zitat von Semler zeigt, zu welchem Engagement begeisterte Mitarbeiter fähig sind. Warum funktioniert das Wecken der Begeisterung in prozeßorientierten Strukturen besser als in herkömmlichen Arbeitsstrukturen? Weil die Menschen in echten Teams/Gruppen/Projekten (die echten Gruppen verfügen über Entscheidungsspielräume) erleben, daß sie etwas bewegen können.

## Selbstverwirklichung als Kontext

Selbstverwirklichung in der Arbeit ist keine Idee und auch kein Ideal, weder Wahrheit noch Weisheit. Sie ist ein echter und kraftvoller Kontext, der nicht von selbst vorhanden ist, sondern der verwirklicht werden will und der, wenn er errichtet und beibehalten wird, aus sich heraus eine ganz bestimmte Realität erzeugt.

| | |
|---|---|
| **K**ontext: | Selbstverwirklichung. |
| **Ü**berzeugung: | Die Menschen arbeiten, um sich in der Arbeit zu verwirklichen. Sie wollen selbstverantwortlich sein und Ziele erreichen. |
| **V**erhalten des **M**anagements: | Wir geben ihnen Vertrauen und Entscheidungsmöglichkeiten. Wir geben ihnen die Möglichkeit, ihre individuellen Ziele im Unternehmen zu verwirklichen. |
| **R**ealität/Ergebnis: | Motivierte und engagierte Mitarbeiter. |

Motivation ist ein Ergebnis, das man nicht geschenkt bekommt, das gestaltet werden will.

Der Prozeß im Mitarbeiterbereich bewegt sich klar in Richtung Selbstverwirklichung. Was sonst hätten Unternehmen ihren Mitarbeitern in Zeiten relativen materiellen Wohlstandes Neues zu bieten? Diejenigen Unternehmen werden die kreativsten und engagiertesten Mitarbeiter anziehen, die den größtmöglichen Raum zur Selbstverwirklichung zur Verfügung stellen. Schon gibt es Unternehmen, die ganz oder teilweise aus dem Kontext der Selbstverwirklichung heraus handeln und ihn «durchhalten»; und die Ergebnisse sind positiv.

**Manager sollten sich also bemühen herauszufinden, wozu Menschen tatsächlich motiviert sind, und dann prüfen, wie sie diese Motivation im Unternehmen nutzen können.**

**Prozeßgerechte Fragen in bezug auf Motivation sind:**

| **Nicht** | **Sondern** |
|---|---|
| Wie motiviere ich? | Wie und wo demotiviere ich? |
| Wie fördere ich Kreativität? | Wie und wo verhindere ich sie? |
| Wie bekomme ich verantwortliche Mitarbeiter? | Wo unterdrücke ich Verantwortung? |
| Wie richte ich Menschen auf mein Ziel aus? | Welche Ziele haben die Menschen, und wie kann ich diese für die Firma nutzen? |

# Der Mitarbeiter als Reaktion

Prozeßgerechter Umgang dem einzelnen gegenüber bedeutet, den Mitarbeiter als sich entwickelnden Menschen mit eigenen Zielen zu respektieren, das zu fördern, was er lernen will, und seinem Streben nach individueller Veränderung gerecht zu werden.

Hinter solchem Verhalten steht die Überzeugung, daß Mitarbeiter, die respekt- und vertrauensvoll behandelt werden und in ihrer Arbeit individuelle Ziele verwirklichen können, zur Zusammenarbeit motiviert sind und ihre Kraft für das Unternehmen einsetzen.

Nun gibt es jede Menge Einwände gegen eine solche Überzeugung. Man könnte sagen, Mitarbeiter seien in der Regel nicht motiviert, würden nicht gerne arbeiten und seien nur begrenzt vertrauenswürdig.

All das mag mehr oder weniger der Fall sein und sich in einem Kontext der Getrenntheit, in dem traditionelle Arbeit stattfindet, auch ununterbrochen bewahrheiten. Aber dann hat das Unternehmen diese menschliche Realität geschaffen – durch seine Art und Weise, mit den Menschen umzugehen.

*«Wenn ‹die› Strukturen wollen, dann liegt es in neun von zehn Fällen daran, daß ‹die› ‹Ihnen› nicht trauen. Menschen, die genaue Richtlinien wollen (und davon gibt es eine Menge), oder solche, die die Sicherheit eines Tarifvertrages wollen, haben einen Grund: Normalerweise trauen sie dem Management nicht, daß es eine Seite der Verabredungen einhält.»*[54]

Von seinen Mitarbeitern a priori Vertrauen zu verlangen, ist nicht genug. Manager müssen sich solches Vertrauen verdienen.

Ein Beispiel, wie Manager *nicht* mit Menschen umgehen sollten, erlebte ich in einer größeren Chemiefirma. Dort wurde einer Mitarbeiterin die Stelle des Gruppenleiters zugesagt. Eines Morgens war die Stelle dann von einem firmenfremden Mann besetzt. Es genügte nicht, daß man die Frau über den Sinneswandel nicht informiert hatte, man verlangte nun zu allem Überfluß auch noch, den neuen Vorgesetzten einzuarbeiten. Selbstverständlich ging das Ganze daneben, die Abteilung litt, und die Firma mußte eine Menge Geld beim Versuch ausgeben, den Schaden zu reparieren.

*«Gerechtigkeit hat für die Mitarbeiter denselben Stellenwert wie Qualität für die Kunden: Es dauert Jahre, bis sie etabliert ist, aber ein Vorfall genügt, und sie ist beim Teufel.»*[55]

Nun – diese Aussage kann man gar nicht genug betonen. Ein Negativbeispiel aus der Praxis: Der Außendienst eines bekannten Unternehmens der Konsumbranche bekommt die Anweisung, Kunden unter einer bestimmten Umsatzgröße auszusortieren. Einer der gekündigten Kunden beschwert sich nun direkt beim Vorstand, der ohne Rücksprache mit dem Bezirksleiter die Kündigung zurücknimmt. Nun müssen der Bezirksleiter und sein vorgesetzter Regionalleiter mit einem Blumenstrauß zum Kunden und sich entschuldigen – für eine Kündigung, die der Vorstand ursprünglich angewiesen hatte. Natürlich stellte das Ganze eine Demütigung dar, und der Bezirksleiter sagte zu Recht:

*«Bei dem Kunden brauche ich mich doch gar nicht mehr sehen zu lassen. Der redet gar nicht mehr mit mir.»*
*«Was würde Sie versöhnen?», fragte ich den Bezirksleiter.*
*«Wenn der Vorstand mit einem Blumenstrauß zu mir käme. Aber der denkt nicht daran. So etwas, hat man mir gesagt, muß ich hinnehmen. Das gehöre zum Job.»*

Im zwischenmenschlichen Bereich spielen Gefühle eine weit wichtiger Rolle, als das den meisten Managern bewußt ist. Sie bestimmen das Verhalten mehr als der Verstand. Durch sein Verhalten dem Mitarbeiter gegenüber kann der Manager Phänomene der Verbundenheit oder der Gespaltenheit erzeugen. Wer seinen Mitarbeitern Aufmerksamkeit und Respekt anträgt, wird Loyalität und die Bereitschaft zur Zusammenarbeit ernten. Wer seine Leute geringschätzig und herablassend behandelt, den werden sie auflaufen lassen oder gegen ihn rebellieren.

In einer Firma beschweren sich die Mitarbeiter darüber, daß ihr Chef grundsätzlich zuerst nach dem Umsatz fragte und dann erst grüßte. So entstand das Gefühl, als Mensch nicht wichtig und nur als «Zahl» interessant zu sein.

In einem Seminar berichtete eine Frau davon, daß sie jeden Morgen müde zur Arbeit kommt. *«Ich stehe zwar auf und gehe ins Büro, aber ich bin nicht dabei. Es dauert in letzter Zeit immer länger, bis ich wach werde.»*

Diese Frau verwaltete seit 15 Jahren die Registratur des Unternehmens. Vor zwei Jahren war ihr Versuch, innerhalb des Unternehmens eine abwechslungs- und anforderungsreichere Arbeit zu bekommen, gescheitert. Man hatte ihr für den Rest ihres Arbeitslebens auch nichts anderes in Aussicht gestellt.

*«Bei uns»*, lautete die deprimierende Auskunft, *«sind Sie am Ende der Leiter angekommen!»* Ihre Müdigkeit kann ohne weiteres als Ausdruck der inneren Distanz gesehen werden, die sie seither zum Unternehmen hält.

Ich habe beruflich mit einer ganzen Reihe sehr qualifizierter Menschen zu tun. Darunter sind Journalisten, Lektoren, Manager, Beamte, Angestellte usw. Diese Leute klagen nicht über ihre Arbeit, sondern ausnahmslos über Klima und Atmosphäre, in denen sie zu arbeiten gezwungen sind, sowie über die *Haltungen* ihrer Vorgesetzten. Sie klagen über die Art und Weise, wie Chefs mit ihnen umgehen, über fehlende Verantwortungsspielräume, fehlende Gestaltungsspielräume, mangelhafte Kommunikation, rüde Umgangsformen und mangelnde Bereitschaft, auf sie und ihre Vorstellungen einzugehen.

In diesen Umständen sind Ursachen für Lustlosigkeit und Frustration in der Arbeitswelt zu finden und somit auch Ursachen für mangelnde Leistungen.

Natürlich haben Manager ihre Finger im Spiel, wenn das Klima in einer Abteilung schlecht ist, wenn Verschlossenheit und Tratsch die Regel sind. Aber den eigenen Anteil an einer Situation zu erkennen, erweist sich oft als äußerst schwierig. Schließlich sehen wir durch unsere Augen zuerst das Außen – die Umstände oder die anderen und ihr Verhalten. Wir übersehen, daß wir selbst beteiligt sind – durch unsere Haltungen.

Manager sind für die Atmosphäre in ihrem Unternehmen verantwortlich. Sie lassen viele der Reaktionen entstehen, mit denen sie dann nicht klarkommen.

Lassen Sie mich zwei typische traditionelle Haltungen von Vorgesetzten beispielhaft skizzieren, um aufzuzeigen, welche Reaktionen und welche zwischenmenschliche Realität aus solchen Haltungen geschaffen wird – den Dompteur und den Steuermann.

*Der Dompteur*

Seine Überzeugung lautet: «Alles hört auf mein Kommando.» Er glaubt, daß die Arbeit nur dann funktioniert, wenn er alles bestimmt. Er kann gut befehlen und wäre ein idealer Einsatzleiter im Katrastrophenfall, wenn Sekunden zählen und Diskussionen unerwünscht sind, aber im Bereich der Mitarbeiterführung richtet er durch sein «Zuckerbrot-und-Peitsche-System» aus Belohnung und Bestrafung viel Schaden an. Er haßt es, wenn Leute von sich aus, ohne seine Anweisung, initiativ werden. Solche Leute haben einen eigenen Kopf und in seinem Bereich nichts zu suchen. Dompteur kann nur einer sein, deshalb schmeißt er solche Mitarbeiter raus.

Läßt die Aufmerksamkeit des Dompteurs nach, fallen die Mitarbeiter ihrerseits über ihn her. Ist er abwesend, legen sie sich auf die faule Haut. Wenn er einige Jahre auf diese Weise «geführt» hat, kann der Dompteur mit Recht behaupten, die Leute müßten mit Zuckerbrot und Peitsche behandelt werden, denn in seiner Welt sind nur Mitarbeiter geblieben, die einen Dompteur brauchen. So gibt er sich auf fatale Weise recht.

Betrachten wir den Dompteur durch das Kontext-Modell, wird klar, wie er solche Realität erzeugt.

| | |
|---|---|
| **Kontext:** | Unsicherheit/Bedrohtheit. |
| **Überzeugung** | Ich muß allein bestimmen, was und wie es gemacht wird. «Alles hört auf mein Kommando.» |
| **Verhalten:** | Menschen wie Kinder behandeln, mit Zuckerbrot und Peitsche, Belohnung und Bestrafung verteilen. |
| **Ergebnis:** | Starke und fähige Mitarbeiter gehen, Kinder bleiben. |

*Der Steuermann*

Seine Überzeugung lautet, «einer muß das Ruder in der Hand halten», und natürlich muß *er* das sein. Er weist seinen Leuten exakt beschriebene Arbeiten zu, die sie ausführen sollen, und verlangt Leistung. Er kann Eigeninitiative zulassen, wenn er sie kontrollieren kann. Als Steuermann wäre es das Schlimmste für ihn, das Ruder aus der Hand zu geben, also die Kontrolle aufzugeben. Demzufolge liegen viele seiner Aktivitäten im Bereich der Kontrolle und Gängelung. Er darf andere nicht «groß» werden lassen, damit niemand nach dem Ruder greift. Da er den Kurs bestimmen will, kann er «Abweicher» jedoch nicht «an Bord lassen» und trennt sich von ihnen.

**K**ontext: Mißtrauen/Bedrohtheit.
**Ü**berzeugung: Ich muß bestimmen, wo es langgeht.
**V**erhalten: Menschen kontrollieren und einschränken.
**E**rgebnis: Eine Crew, die ohne ihn nicht funktioniert und sich «blind» auf ihn verläßt.

Andere Haltungen, denen ich im Laufe der Jahre begegnet bin und die jeweils eine charakteristische Wirklichkeit erzeugen, sind beispielsweise «der Verwalter», «der Macher», «der Regent», «der Patriarch» und …

Jede dieser Haltungen kann als ein Kommunikationspol verstanden werden, der automatisch Identifikation und gleichzeitig Gegenidentifikation auf dem Gegenpol erzeugt. Der König erschafft Untertanen und Rebellen. Der Verwalter erschafft Technokraten und klagende, emotionale Kinder. Der Macher erzeugt Starke und Schwache. *Jede Haltung erschafft eine Reaktion.*

Wir alle kennen das Beispiel von Kindern, deren Rechennote von 2 auf 5 fällt, nachdem der Lehrer wechselte. Ähnlich verhält es sich mit der Leistung oder Einsatzbereitschaft mancher Mitarbeiter – sie stellt eine Reaktion auf die Beziehung zum Vorgesetzten dar.

**Würden Manager das Verhalten ihrer Mitarbeiter als Reaktion auf das eigene Verhalten begreifen, hätten sie vielleicht mehr Bereitschaft, sich mit sich selbst zu befassen und ihr eigenes Verhalten zu verändern, denn nur auf diese Weise können sie auch das Verhalten ihrer Mitarbeiter verändern.**

## Das eigene Verhalten ändern

Gerade im zwischenmenschlichen Bereich scheinen immer die *anderen* Ursache der Probleme zu sein, aber wir haben die Hände immer mit im Spiel.

Manager, die das nicht begreifen, sind wenig beziehungsfähig. Beziehungsfähigkeit ist jedoch eine der großen Anforderungen, die Manager in der Zukunft erfüllen müssen, wollen sie mit neuen Strukturen und Umgangsformen klarkommen. Einschränkungen der Beziehungsfähigkeit wirken sich unmittelbar auf die Arbeit aus und erschweren diese, wie das folgende Beispiel zeigen mag.

Ein Personalmanager wurde über Jahre hinweg vom Leiter einer der Zweigstellen des Unternehmens angegriffen und attackiert. Der Konflikt beeinträchtigte die Zusammenarbeit so stark, daß das Thema Kündigung auftauchte. Konkret hängte sich der Streit am Thema der Zuteilung von zusätzlichen Mitarbeitern auf. Diese Zuteilung war vom Personalmanager lange versprochen worden, aber nie geschehen. Im Partnercoaching beschwerte sich der Personalmanager über die Angriffe seines Mitarbeiters und betonte, er sei doch ständig darum bemüht, den Erwartungen des Zweigstellenleiters gerecht zu werden. Es sei eben heutzutage sehr schwierig, zusätzliche Mitarbeiter zu finden.

*«Genau das höre ich seit vier Jahren von Ihnen»,* fuhr der Zweigstellenleiter dazwischen.

Wir arbeiteten am Thema, und heraus kam, daß er recht hatte – seit vier Jahren hatte sich nichts geändert. Schließlich sprach der Personalmanager die ungeschminkte Wahrheit aus:

*«Ich kann Ihnen kaum Hoffnung auf zusätzliche Mitarbeiter machen!»*

Jetzt geschah etwas für ihn Überraschendes. Der Zweigstellenleiter atmete auf, entspannte sich und lehnte sich zurück. Er sagte:

*«Das wußte ich, aber ich habe mich von Ihnen immer verkohlt gefühlt. Ich ahnte, daß Sie mich vertrösten wollen. Das hat mich so geärgert, daß ich Ihnen keine Ruhe lassen konnte.»*

Nun wird klar, daß der Personalmanager an der Realität «Ich werde angegriffen» nicht bloß Anteil hatte, er hatte sie selbst verursacht. Durch sein Verhalten, das sich aus einem Kontext der Unklarheit und Unsicherheit ergab, hatte er die Reaktion seines Mitarbeiters provoziert.

Welches Verhalten eines Managers ruft den Widerstand der Mitarbeiter hervor? Welches die innere Kündigung? Welches führt zu Desinteresse? Will ein Manager das Verhalten seiner Mitarbeiter besser verstehen und verändern, sollte er sich folgende Fragen stellen:

– Wer bin ich im Kontakt mit diesem Menschen?
– Zu wem werde ich in dieser Situation?
– Welche Reaktion rufe ich auf diese Weise hervor?

Mit der Antwort auf diese Fragen tauchen automatisch Verhaltensalternativen auf, die bessere Ergebnisse versprechen.

Allerdings ist bei der Beantwortung der Frage «Wer bin ich?» nicht interessant, wer jemand *denkt und glaubt zu sein,* sondern wer er, in diesem Moment oder einem bestimmten Menschen gegenüber, *tatsächlich* ist, welche Überzeugungen sein Handeln bestimmten und welche Ergebnisse erzielt werden. Solche Reflektion erfordert einen Abstand zu uns selbst, über den wir oft nicht verfügen.

Beispielsweise ist der Vater, der glaubt, ein liebevoller Vater zu sein, und dem aus Ungeduld die Hand ausrutscht, in diesem Moment kein liebevoller, sondern ein willkürlicher Vater.

Zu wissen, wer wir tatsächlich gerade sind, ist uns vor allem in problematischen Situationen verborgen. So bekam ein Bereichsleiter eine neue Sekretärin, die ihn bald durch ständige Fragen und Unsicherheit entnervte. Er äußerte die bewußte Überzeugung, daß die Frau «selbst sehen muß, wie sie ihre Arbeit macht». Im Kontakt mit ihr ließ er sich jedoch immer wieder «rumkriegen», ihr Dinge wie den Gebrauch des Computers zu erklären, um ihr dann anschließend Vorwürfe zu machen, sie lerne nicht selbständig. Spannung und Streit waren die Resultate der Situation.

Wer war der Mann? Er glaubte, ein Vorgesetzter zu sein, der Selbständigkeit erwartet. Tatsächlich aber befand er sich dieser Frau gegenüber in einer Helferrolle. Worauf beruhte dieses Helferverhalten? Fragen wir das Kontext-Modell:

**Ergebnis:** Spannungen und Streit mit der Sekretärin.
**Verhalten:** Der Bereichsleiter erklärt und hilft, obwohl er das nicht will.
**Ü**berzeugung (die dieses Verhalten notwendig macht): «Ich kann sie doch nicht hängen lassen, ich muß ihr helfen, sonst… bin ich schuld, wenn sie ihren Job verliert.»
**K**ontext: Unklarheit, Schuldhaftigkeit.

Nachdem der Mann seine unbewußte Überzeugung reflektiert hatte, dachte er über seine Verantwortung nach. Er kam zu dem Ergebnis, daß es außerhalb dieser Verantwortung lag, ob die Frau ihren Job beherrsche oder nicht, ob sie ihn behalten konnte oder nicht. Er entschied sich für echte Klarheit und sagte von da an, wenn seine Sekretärin entsprechende Fragen äußerte: *«Ich bin nicht da.»* Dieses Verhalten wirkte. Die Frau besorgte sich die Information anders und bekam ihren Job selbst in den Griff.

Manager, die das Verhalten ihrer Mitarbeiter verändern wollen, sollten sich Fragen in der Art stellen:

| **Wie muß ICH mich verhalten** | **um folgende Reaktion zu bekommen?** |
|---|---|
| ............................................ | offene Kommunikation! |
| ............................................ | unternehmerisches Denken! |
| ............................................ | Verantwortungsbewußtsein! |

# Prozesse in Gruppen

Wenn eine Hauptaufgabe des Vorgesetzten in Zukunft darin besteht, Menschen in Teams und Gruppen zu koordinieren, sollten sie auch in der Lage sein, prozeßorientiert mit Gruppen umzugehen. Stand die Führungskraft bisher einzelnen gegenüber, sieht sie sich jetzt mit Gruppen konfrontiert. Wissen über Gruppen ist also unerläßlich.

In den Phasen und Entwicklungen des Gruppenprozesses äußert sich direkte oder verborgene Information über den Zustand der Gruppe und über die Richtung, in die sie gehen wird. Auch hier lauten die prozeßorientierten Fragen nicht, «Wie soll sich die Gruppe entwickeln?», sondern «Was wollen die Menschen, wie zeigen sie das und wie läßt sich diese Entwicklung für das Unternehmen nutzen?»

## Individuen und Rollen

Gruppen bestehen aus Individuen und Rollen. Individuen verfolgen ihre eigenen Ziele, Rollen sorgen hingegen dafür, daß die Ziele der Gruppe erreicht werden. Sie sind mit Aufgaben verbunden, die für die Gruppe wichtig sind.

Deckt sich das Bedürfnis der Individuen mit den Zielen der Gruppe, kommen beide mit dem Ergebnis zusammen, daß der einzelne für die Gruppe und die Gruppe für den einzelnen interessant ist.

Völlige Übereinstimmung ist jedoch meist nicht von langer Dauer, weshalb es oft ein gewisses Spannungsfeld zwischen individuellen Bedürfnissen und Gruppenbedürfnissen gibt. Da sich aus diesen Spannungen wichtige Informationen bezüglich einer Veränderung ergeben, ist es wichtig, Individuen und Rollen voneinander unterscheiden zu können. Wann handelt ein Mensch als Individuum und wann übernimmt er eine Rollenfunktion für die Gruppe?

Beispielsweise kann ein Mensch in einer Gruppe als Einzelperson auftreten, indem er krank wird oder Sonderurlaub verlangt. Das mag seine private Angelegenheit sein und privaten Interessen entsprechen. Wenn er aber krank wird, weil in der Gruppe zuviel oder falsch gearbeitet wird, oder Sonderurlaub haben will, weil es in der Gruppe Probleme gibt und er diesen ausweichen will, tritt er in eine Rolle – denn er tut etwas für die Gruppe. Er macht die Gruppe indirekt darauf aufmerksam, daß etwas nicht stimmt.

Normalerweise sehen Vorgesetzte bei in Gruppen auffälligen Menschen nur das Individuum und reagieren dann auf diesen Menschen. «Der Meier/die Müller sind ja bekannt dafür ...» und bemerken nicht, daß Meier/Müller etwas für die anderen tun. Prozeßorientierte Wahrnehmung prüft dagegen, ob sich individuelle oder die ganze Gruppe betreffende Informationen mitteilen. Oft geht es auch bei individuellem Verhalten um die ganze Gruppe und nicht den einzelnen; und dann macht es wenig Sinn, auf das Individuum zu reagieren.

## Rollen und Aufgaben

Es gibt fachliche und soziale Aufgaben, also auch dementsprechende Rollen. Fachliche Rollen sind beispielsweise Schlosser, Jurist oder Finanzcontroller. Soziale Rollen sind Leiter, Kreative, Schwache, Starke usw.

Auch der «Störer» ist eine soziale Rolle. Da jede Gruppe, genau wie Individuen, eine Identifikation aufbaut, *muß irgendwann jemand die aufgebauten Regeln brechen, sonst kann sich die Gruppe nie verändern.* Der Regelbrecher wird jedoch immer als Störer empfunden, denn er bringt Gewohnheiten durcheinander und greift die Sicherheit der Identität an, die im Laufe der Jahre aufgebaut wurde.

Jeder Störer ist also ein potentieller Erneuerer, aber er wird, unabhängig davon, wie wichtig sein Standpunkt für die Gruppe ist, immer als lästig angesehen. Normalerweise versucht man, Störer loszuwerden. Das mag mit Individuen gelingen. Mann kann «den Meier» oder «die Müller» loswerden, aber nicht die Rolle des Störers. Wenn die Information, die sich durch den Störer mitteilen will, für die Gruppe wichtig ist, wird nach kurzer Zeit ein anderes Individuum diese Rolle einnehmen und zum Störer werden. Dann rufen Vorgesetzte voller Erstaunen aus: «Vom Schulze hätten wir das aber nicht erwartet! Sollen wir den nun auch entlassen?» Es hat also wenig Sinn, einzelne für die Rolle verantwortlich zu machen, die sie in der Gruppe übernehmen.

**Jede soziale Rolle ist für eine Gruppe wichtig und sollte vertreten sein,** *sonst kann die Gruppe sich nicht selbst lenken.*

Natürlich gibt es Leute, die aufgrund ihrer persönlichen Entwicklung dazu tendieren, bestimmte Rollen zu übernehmen oder sich in bestimmte Rollen drängen zu lassen. Trotzdem tun sie das für die ganze Gruppe.

Besonders interessant unter Prozeßgesichtspunkten, das heißt unter den Gesichtspunkten permanenter Veränderung, sind auch *die Rebellen, die Unzufriedenen, die Andersdenkenden, die Respektlosen, die Stillen usw.,* also alle unbequemen Menschen.

## Rollen besetzen

In hierarchischen Arbeitsstrukturen sind Rollen und Aufgaben starr verteilt. Die Entwicklungsabteilung soll kreativ sein und stellt dazu Ingenieure ein. Die Produktionsabteilung soll konzentriert und beständig arbeiten und stellt Facharbeiter ein. Die Finanzabteilung soll sich sachlich und nüchtern verhalten und stellt Buchhalter ein. Die Geschäftsleitung soll das Unternehmen führen und stellt Betriebswirte ein. Jede Abteilung hat ihre eigenen, abgegrenzten Aufgaben. So will man dafür sorgen, daß alle Rollen besetzt sind und alle Aufgaben erledigt werden.

Doch in solchen Strukturen sind selten alle Rollen *wirklich* besetzt. Zwar sind die Rollenträger physisch anwesend, aber wenn beispielsweise ein Geschäftsführer zögert, wichtige Entscheidungen zu treffen, läßt er seine Leiterrolle offen. Wenn den Leuten in der Entwicklungsabteilung keine neue Idee einfällt, bleibt die kreative Rolle unbesetzt. Und selbst wenn andere Abteilungen Ideen haben, können sie in hierarchischen Strukturen kaum mehr als bescheidenen Einfluß auf die Entwicklungsabteilung ausüben, geschweige denn die Geschäftsleitung dazu bringen, zügig und zukunftsorientiert zu entscheiden.

Liegt beispielsweise die Leiterrolle brach, fühlen sich andere unter Druck gesetzt und wollen sie besetzen. Dann drängt der Untergeordnete auf Entscheidungen und bekommt zur Antwort, «Das ist nicht ihr Job» oder «Zum Denken werden Sie nicht bezahlt». Die Rolle bleibt offen, und die Aufgaben bleiben liegen.

In getrennten Abteilungen kocht jeder sein Süppchen und läßt sich von anderen nicht reinspucken. Zwar gibt es auch in herkömmlichen Arbeitsstrukturen Konferenzen und Dialoge mit dem Ziel des Informationsaustausches, aber es herrscht kein Kontext von *Gleichwertigkeit,* der es den Rollen und den durch sie vertretenen Standpunkten ermöglicht, sich zu begegnen und aneinander zu reiben. Solange jede Abteilung getrennt von der anderen agiert, können sich die Unternehmensbereiche voneinander abschotten. Es ist kein echter Raum vorhanden, in dem die Rollen aufeinandertreffen, sich gegenseitig herausfordern und befruchten.

## Sich selbst steuernde Gruppen

Bleibt eine Rolle auf Dauer unbesetzt, kann die Organisation nicht richtig funktionieren. Der Vertreiber kann nichts Neues verkaufen, wenn dem Entwickler nichts einfällt. Und der beste Entwickler kommt nicht weiter, wenn die Geschäftsleitung die nötigen Mittel nicht besorgt.

**Erst indem in einer Gruppe *alle Rollen besetzt sind und Einfluß haben,* wird sie zur einer funktionierenden Einheit.**

Da Individuen ihrer eigenen Entwicklung folgen, können sie nicht jederzeit jede Rolle ausfüllen. Der Geschäftsführer beispielsweise, der gerade von seiner Frau verlassen wurde und sich in einer persönlichen Krise befindet, läßt möglicherweise vieles «schleifen». Das fällt in traditionellen Strukturen kaum auf, und irgendwelche Gründe lassen sich leicht vorschieben. Vor der Gruppe jedoch kann niemand eine Führungsschwäche lange verbergen. Ist die Gruppe dazu befugt, wird sie ein anderes Mitglied zumindest zeitweise in die Leiterrolle bringen.

In herkömmlichen Strukturen bedeutet ein solcher Aufgabenwechsel *Herabsetzung* oder *Imageverlust*. Bei entwickelter Gruppenkultur lernen die Menschen jedoch, daß der Verlust einer Rolle oder das Wechseln von Rollen auch für das Individuum große Vorteile haben kann, denn so können individuelles Ziel und Aufgabe in der Gruppe in Einklang miteinander gebracht werden. Der Geschäftsführer, der in der Krise ist, kann erst einmal sein seelisches Gleichgewicht wiederfinden und solange eine einfachere Aufgabe übernehmen.

In der Gruppe ist es auch gleichgültig, von welcher Rolle eine neue Idee oder ein Vorschlag kommt. Es gibt keine Abteilungskonkurrenz, sondern nur die Orientierung an der gemeinsamen Aufgabe. Jede Rolle kann zum Ziel der Gruppe beitragen, und jeder kann im Laufe seines Berufslebens viele Rollen einnehmen.

Projektgruppen und Teams sind in bezug auf Rollen- und Aufgabenverteilung den traditionellen Abteilungen überlegen. Indem sie Rollen und Aufgaben jeweils projekt- oder teambezogen verteilen, durch ihre Flexibilität also, werden sie zu sich selbst steuernden Einheiten. Dies trifft natürlich nur für Gruppen zu, die über eine entsprechende Befugnis verfügen.

# Konfliktfähigkeit –
# die Begegnung von Rollen

Hierarchische Strukturen leiden unter dem Diktat der Harmonie. Wer will sich ernsthaft mit seinen Vorgesetzten anlegen? Das Stichwort von «der Gefangenschaft in der Vorgesetztenbeziehung» sagt vieles über die Beziehungsrealität hierarchischer Systeme aus. Letztlich stellt Harmonie oder was als solche erscheinen mag, keine Verbundenheit dar, sondern ist Unterordnung unter die als richtend anerkannte Meinung. Diese Harmonie schadet dem Unternehmen mehr, als sie ihm nutzt, denn so gehen eine Vielzahl wichtiger Prozeßinformationen verloren, die sich nur in Konflikten mitteilen können.

Wie viele Mitarbeiter in der Finanzabteilung der Metallgesellschaft mögen den Kopf geschüttelt haben oder innerlich verzweifelt gewesen sein ob der Entscheidungen ihres Vorstandsvorsitzenden, hatten aber keine Möglichkeit, sich mit dem «Manager des Jahres 1993» auseinanderzusetzen. Ihre Harmonie beruhte auf Angst; die Folgen für Aktionäre und Mitarbeiter sind bekannt.

Niemand ist im Besitz der Wahrheit, nur weil er eine leitende Rolle innehat. Niemand kann für sich eine absolute Wahrnehmung beanspruchen. Jeder ist auf die Informationen und das Wissen aller angewiesen; und das Unternehmen braucht die Konfliktfähigkeit und -bereitschaft aller Rollenträger, damit Information sich mitteilen kann.

In Gruppen fällt es leichter, die Meinung zu sagen, denn hier herrscht weniger Angst. Sind die Menschen erst einmal an das Arbeiten im Kontext der *Offenheit* gewöhnt, sagen sie ihre Meinung unverblümter und setzen sich für ihren Standpunkt und ihre Aufgabe ein.

*«Die gravierendsten Unterschiede lassen sich so auf den Punkt bringen: Die schnellen Entscheider sind vollständig in ihren Aufgaben versunken. Sie blühen und gedeihen in der Auseinandersetzung.»*[56]

Nicht Image und Macht, sondern Aufgaben stehen im Vordergrund. So führt inhärente Konfliktbereitschaft und Offenheit in Projektgruppen und Teams zu mehr Produktivität, denn um effektiv zu sein und Prozeßinformation zu transportieren, müssen sich die einzelnen Rollen begegnen und miteinander «streiten».

**Die Lösung der gemeinsamen Aufgabe wird im Aufeinandertreffen der unterschiedlichen Standpunkte und Rollen gefunden.**

Diese Begegnung der Rollen darf jedoch nicht auf Freiwilligkeit oder Großzügigkeit beruhen, sie muß zwingend zur Bewältigung der gemeinsamen Aufgabe notwendig sein. Dies kann beispielsweise dadurch gesichert werden, daß bestimmte Entscheidungen von der ganzen Gruppe getroffen werden müssen.

Die fruchtbare und notwendige, wenn auch manchmal konfliktträchtige Rollenbegegnung im Arbeitsalltag wird beim Ofenhersteller Rational unter anderem folgendermaßen gesichert:

*«Die Firma verläßt sich laut Verkaufschef Stempel nicht auf Marktforschungsumfragen über ihre Kunden. ‹Bei uns›, so erläuterte er mir, ‹ist das eine Sache des permanenten Feedbacks; man setzt sich zusammen und bespricht die Dinge.›... Stempel zählte dann eine Reihe weiterer Aktivitäten auf, die den lebenswichtigen Prozeß des ständigen Informationsaustauschs erleichtern. Alle im Kundendienst arbeitenden Techniker arbeiten mindestens vier bis sechs Wochen vor Ort in der Fabrik ... Alle Mitarbeiter im Verkauf und im Marketing wiederum arbeiten eine bestimmte Zeit in einer Küche.»*[57]

Dies ist Zusammenarbeit im Kontext von Verbundenheit. Auf solche Weise werden Phänomene der Gespaltenheit, wie beispielsweise Abteilungskonkurrenz oder zu große Distanz von den Kunden, vermieden, und das Bewußtsein der gegenseitigen Abhängigkeit wird erhöht.

# Informationen durch Konflikte «prozessieren»

In Konflikten ringen wir um Veränderung und versuchen zugleich, ihr zu widerstehen. Deshalb müssen sie geführt werden, denn in ihnen finden wir heraus, wie wir uns verändern werden. Prozeßdenken erkennt Konflikte als «Geburtshelfer» von Information an und ist deshalb an Auseinandersetzungen interessiert.

Prozeßorientierte Fragen in bezug auf Konflikte lauten:
- Was will sich auf diese Weise mitteilen?
- Welchen Rollen begegnen wir?
- Was haben wir übersehen? Was lag außerhalb unserer Aufmerksamkeit?
- Welche Informationen müssen wir noch berücksichtigen?

Wird eine Auseinandersetzung prozeßgerecht geführt, das heißt, kommen alle Standpunkte darin zur Geltung, ergibt sich die richtige Lösung früher oder später «von selbst». Wenn keine neuen Informationen mehr auftauchen, ist die Zeit für eine Entscheidung gekommen, und die Beteiligten «spüren» dies. Sie werden sich hinter diese Entscheidung stellen, an deren Zustandekommen sie mitgewirkt haben, und auch eventuell notwendige Korrekturen mittragen.

Die Firmenleitung sollte im Kontakt mit Gruppen Sensibilität üben. Wenn beispielsweise ein Team Ergebnisse präsentiert, enthalten diese auch unsichtbare Informationen, die sich einer rein rationalen Betrachtung verschließen. Das Team hat schließlich einen Prozeß durchlaufen, der viele, auch emotionale Aspekte, in die Lösung integriert.

*«Sie machen einen Prozeß durch, in dem sich ihre Vorstellungen vom Unternehmen und seinen Bedürfnissen zwar verändert, aber nur einige wenige um sie herum, insbesondere nur wenige ihrer Vorgesetzten, das intuitive Verständnis mit ihnen teilen.»*[58]

Je mehr sich die Geschäftsführung selbst an Teamarbeit beteiligt und diese praktiziert, desto besser wird ihr Verständnis dieser Arbeitsform sein. Auch Manager müssen den Umgang mit den neuen Strukturen lernen.

# Auf funktionierende Beziehungen hinarbeiten

Es ist manchmal schwer zu begreifen, wie wenig Unternehmen in den Aufbau guter, das heißt funktionierender Beziehungen ihrer Mitarbeiter investieren, wenn man bedenkt, wie stark sich mangelhafte Beziehungen auf die Arbeitsergebnisse und die Kostensituation auswirken.

*«Wenn im Unternehmen miese Stimmung herrscht, hapert es auch mit der Kundenorientierung» ... «Die Kundenorientierung endet in den meisten Unternehmen offensichtlich dort, wo es darum geht, die Kollegen, die Mitarbeiter als interne Kunden, als Partner zu begreifen»...[59]*

Sicher werden Standardtrainings beispielsweise zur Konfliktlösung angeboten. Ich erinnere mich an ein solches Training, in dem der gesamte Außendienst eines Bezirkes anwesend war. Die Leute kamen mit ihrem Bezirksleiter nicht klar und hatten sich deshalb geschlossen zum Seminar angemeldet. Acht Leute mal zweitausendfünfhundert Mark. Die Firma hätte sich das Geld sparen und statt dessen ein Feedback vor Ort, am Arbeitsplatz, durchführen können.

Auch hier: Die Leute gehören an einen Tisch, dazu ein erfahrener Moderator, und dann wird der Konflikt direkt angegangen. Vor dem Feedback haben fast alle Beteiligten Angst vor diesem Vorgehen, aber danach sind sie erleichtert und erstaunt, wie einfach und gut das mit Begleitung funktionieren kann.

Wird solch ein Feedbackansatz konsequent betrieben, das heißt mit Begleitung durchgeführt und dabei gleichzeitig «on the job» geschult, entsteht in der Firma eine selbstverständliche Feedbackkultur, und die Beziehungen verbessern sich entsprechend.

## Doppelsignale, Vertrauen, Glaubwürdigkeit

Doppelsignale sind sich widersprechende Aussagen oder Handlungen. Sie sind in jedem Unternehmen anzutreffen. Doppelsignale schaffen eine Spannung zwischen Anspruch und Wirklichkeit, die für den einzelnen oder für alle Mitarbeiter unerträglich werden kann und in starkem Maße Vertrauen und Engagement zerstört. Hier einige Beispiele:
- Der Vorstand beschwört die angespannte finanzielle Situation und spricht davon, das Unternehmen müsse «jede Mark einzeln umdrehen». Gleichzeitig werden neun funkelnde Vorstandskarossen angeschafft.
- Den Mitarbeitern wird die Sicherheit ihrer Arbeitsplätze versprochen, und gleichzeitig wird Outsourcing betrieben.
- Die Geschäftsleitung fordert konsequente Zusammenarbeit zwischen Innen- und Aussendienst, schafft aber eine Regelung nicht ab, nach welcher der Außendienst Provisionen auch für unrentable Verträge kassieren darf, die dem Innendienst nur Arbeit, aber keinen Profit bringen.
- Es wird zwar Teamarbeit gefordert, die Gruppe erhält aber faktisch keine Entscheidungskompetenz, und die Zielvorgaben fehlen.
- Das Unternehmen betont dringende Notwendigkeit der Kostenreduzierung und verwehrt es der Schulungsabteilung, aussortierte Chefsofas im Schulungsbereich aufzustellen. Statt dessen werden neue gekauft. Wozu also sollen sich die Mitarbeiter Gedanken um Kostenreduzierung machen?
- Die Firma schreibt rote Zahlen. Der Außendienst braucht neue Laptops und will diese zum Stückpreis von 4000 DM im Handel erwerben. Die Zentralabteilung verbietet dies und besteht auf ihrem Materialbeschaffungsmonopol. Nach einigen Wochen bekommt der Außendienst neue Laptops zum Stückpreis von 15 000 Mark. Gleichzeitig werden die Telefonrechnungen einer schärferen Kontrolle unterzogen, denn «wir müssen ja sparen».
- Der Abteilungsleiter führt fast 100 Mitarbeiter und darf für die Firma Verträge abschließen, die unter Umständen Millionenverluste bringen können, aber er darf über die Verlängerung seines Schreibtisches (Kosten 200 Mark) nicht entscheiden. Dafür muß er die Unterschrift eines Vorstandes einholen.

Für die Mitarbeiter bedeuten Doppelsignale eine ernstzunehmende Demotivation, denn die Glaubwürdigkeit des Unternehmens wird in ihren Augen erschüttert. Sie glauben den Chefs einfach nicht, was diese sagen. Werden die Widersprüche zwischen Worten und Taten zu groß, sprechen die Leute davon, «den Haß» zu bekommen, wie es im Beispiel der Laptops geschah.

# Prozesse begleiten

In vielen Firmen wird versucht, Veränderungen herbeizuführen, die von ihrer Absicht und Art her richtig und notwendig sind und deren Umsetzung dennoch scheitert. Oft ist falscher Umgang mit Menschen die Ursache dafür.

Ich habe beispielsweise eine Reihe von Managern kennengelernt, die sich in der Theorie der Teamarbeit bestens auskannten, beim Versuch ihrer praktischen Einführung jedoch versagten. Sie waren gute Betriebswirte, aber sie haben nicht genügend beachtet, daß bei allen Veränderungen letztlich *nicht Strukturen, nicht Abteilungen, nicht Abläufe betroffen sind, sondern vor allem Menschen.*

Es sind auch nicht bloß «unsere Leute», die etwas lernen sollen. Wenn der Manager sich aus dem Veränderungsprozeß ausschließt, wird er nicht weit kommen. Wer aber bringt den Manager dazu, sich einzuklinken? Wer coacht den Koordinator?

**Es bedarf der konsequenten Unterstützung der «menschlichen Seite» von Veränderungsprozessen, wenn diese erfolgreich verlaufen sollen.**

Auch das ist nichts Neues, und Manager versuchen es bereits – indem sie Mitarbeiter in Seminare schicken und das Lernen aus dem Alltagsprozeß ausgliedern. Doch Prozeßbegleitung sollte nicht «theoretisch» auf Seminaren vermittelt werden, sondern möglichst nah am Arbeitsplatz angesiedelt sein.

Auf Seminaren vollzieht sich Lernen vorwiegend durch die Vermittlung theoretischen Bewußtseins. In der Praxis stehen Mitarbeiter dann vor Grenzen, die sie nicht überwinden können. Was nutzt es im Arbeitsalltag eigentlich wirklich, wenn Manager bis zu 6000 DM pro Trainingstag dafür ausgeben, die Bedürfnispyramide von Maslow kennenzulernen oder die Grundprinzipen der Kommunikation zu erfahren?

Anstatt beispielsweise theoretisches Bewußtsein über Kommunikation zu schaffen, kann der Prozeßbegleiter in die Firmen gehen und konkrete Kommunikationshindernisse suchen. *Anschließend bringt er die Leute genau dort zusammen, wo sie auseinanderfallen. Auf diese Weise geschieht Kommunikation und Auseinandersetzung tatsächlich, anstatt nur darüber zu sprechen.*

Wenn Prozeßbegleitung so «on the job» ansetzt und lernen «just in time» geschieht, können sich auch Themen ergeben, die besser in Seminaren bearbeitet werden sollten. Doch dann decken sich Praxis und Seminarinhalt, und das Lernen wird kongruent mit der Arbeit.

Die Aufgabe von Prozeßbegleitern besteht in dieser Hinsicht darin, das Unternehmen beim Lernen des Lernens zu unterstützen. Und darin brauchen Manager tatsächlich Unterstützung, denn darin sind sie nicht ausgebildet.

# Schlußworte

Quer durch das Buch tauchen die Begriffe des *Prozesses* und des *Prozessierens* auf. Sie bedeuten:

- Veränderung als alltäglich anzusehen.
- Zeichen sich vollziehenden Wandels frühzeitig zu erkennen.
- mit der Dynamik des Zusammenspiels von Identifikation, Grenzen, Grenzüberschreitung und Störung vertraut zu sein
- und auf der Suche nach dem Neuen die Auseinandersetzung mit den Ängsten davor bewußt zu führen.

Prozessieren erfordert es, jegliche Information auf bewußte Weise:
- wahr- und aufzunehmen (Bewußtheit),
- ihr eine Bedeutung zu geben (Kontext),
- sie zu verarbeiten (Begegnung der Standpunkte),
- und in das bestehende System zu integrieren (Veränderung).

Menschen und Organisationen wollen sich verändern. Prozeßdenken unterstützt diese Entwicklungen. Eine größere Bereitschaft zum Prozeßdenken und mehr Offenheit gegenüber Veränderungen zu schaffen, war die Absicht, mit der ich dieses Buch geschrieben habe.

# Literaturverzeichnnis

1 zitiert aus Tom Peters «Jenseits der Hierarchien», Düsseldorf 1993
2 Francis Fukuyama von der US-Rand-Corporation, zitiert aus dem «Spiegel» Nr. 19/1996
3 Katzenbach, Smith «Teams», Wien 1993
4 Gunnar Hedlung in Tom Peters «Jenseits der Hierarchien», Düsseldorf 1993
5 Porsche-Chef Wiedekings im «Manager-Magazin» 1/94
6 zitiert aus Tom Peters «Jenseits der Hierarchien», Düsseldorf 1993
7 Ricardo Semler in «Das Semco System» München 1993
8 Zum Phänomen der individuellen Veränderung aufgrund von psychischen, körperlichen oder emotionalen Störungen des Bewußtseins habe ich gemeinsam mit meiner Frau Henny Nordholt ein Buch veröffentlicht: «Change – Lust auf Veränderung», Stuttgart 1993
9 J. F. Moore in Harvard Business Manager 1/1994
10 Prof. Ervin Laszlo in «Manager-Seminare 1/94»
11 Ricardo Semler in «Das Semco System», München 1993
12 siehe hierzu Ricardo Semler «Das Semco System» München 1993, Tom Peters «Jenseits der Hierarchien», Düsseldorf 1993, und R. Watermann «Die neue Suche nach Spitzenleistungen», Düsseldorf 1994
13 Dr. rer. pol. habil. Dipl. Ing. Hans Gerd Servatius in «Manager-Seminare 1/94»
14 Robert Watermann in «Die neue Suche nach Spitzenleistungen»
15 Tom Peters in «Jenseits der Hierarchien», Düsseldorf 1993
16 Ricardo Semler in «Das Semco System» München 1993
17 O. Sutrich in Harvard Business Manager 1/1994
18 Tom Peters in «Jenseits der Hierarchien», Düsseldorf 1993
19 Tom Peters in «Jenseits der Hierarchien», Düsseldorf 1993
20 Tom Peters in «Jenseits der Hierarchien», Düsseldorf 1993
21 Aus einem Brief des Top-Managements an die Aktionäre der Firma General Electric, zitiert aus Katzenbach/Smitz «Teams», Wien 1993
22 David Swanson von Procter & Gamble, zitiert aus «Auf der Suche nach neuen Spitzenleistungen», Wien 1994
23 Ricardo Semler in «Das Semco System», München 1993
24 Ricardo Semler in «Das Semco System», München 1993
25 Tom Peters in «Jenseits der Hierarchien», Düsseldorf 1993
26 Ricardo Semler in «Das Semco System», München 1993
27 Ricardo Semler in «Das Semco System», München 1993
28 Joe Carter, Direktor des Anderson-Labors, zitiert aus «Wirtschaftswoche» Nr. 16/1996

29 Tom Peters in «Jenseits der Hierarchien», Düsseldorf 1993
30 Tom Peters in «Jenseits der Hierarchien», Düsseldorf 1993
31 Tom Peters in «Jenseits der Hierarchien», Düsseldorf 1993
32 Tom Peters in «Jenseits der Hierarchien», Düsseldorf 1993
33 zitiert aus «Wirtschaftswoche» Nr. 17 vom 18.4.96
34 Ricardo Semler in «Das Semco System», München 1993
35 Shapir, Eccles, Soske in Harvard Business Manager 1/1994
36 Gerstner in «Spiegel»-Interview Nr. 18/94
37 Shapir, Eccles, Soske in Harvard Business Manager 1/1994
38 D. Krackhardt und J.R. Hanson in Harvard Business manager 1/1994
39 Dr. rer. pol. habil. Dipl. Ing. H.G. Servatius in «Manager-Seminare 1/94»
40 Prof. Dr. Malik in «Manager-Seminare 1/94»
41 Tom Peters in «Jenseits der Hierarchien», Düsseldorf 1993
42 Ricardo Semler in «Das Semco System», München 1993
43 Charles Savage, Fifth Generation Management, zitiert aus Tom Peters «Jenseits der Hierarchien», Düsseldorf 1993
44 O. Sutrich in Harvard Business Manager 1/1994
45 Ricardo Semler in «Das Semco System», München 1993
46 zitiert aus Tom Peters «Jenseits der Hierarchien», Düsseldorf 1993
47 Ricardo Semler in «Das Semco System», München 1993
48 Ricardo Semler in «Das Semco System», München 1993
49 Robert Watermann in «Die neue Suche nach Spitzenleistungen», Wien 1994
50 zitiert aus Tom Peters «Jenseits der Hierarchien», Düsseldorf 1993
51 BA-Forschung Hamburg
52 zitiert aus der «Hamburger Morgenpost» vom 29.6.91
53 Ricardo Semler in «Das Semco System», München 1993
54 Tom Peters in «Jenseits der Hierarchien», Düsseldorf 1993
55 Ricardo Semler in «Das Semco System», München 1993
56 Tom Peters in «Jenseits der Hierarchien», Düsseldorf 1993
57 Tom Peters in «Jenseits der Hierarchien», Düsseldorf 1993
58 Shapir, Eccles, Soske in Harvard Business Manager 1/1994
59 zitiert aus der «Wirtschaftswoche» Nr. 17 vom 18.4.1996

## Der Autor

Michael Mary lebt in der Nähe von Hamburg, wo er ein Institut betreibt. Von ihm gibt es mittlerweile sechs Bücher zu Themen der Veränderung.

Die Schwerpunkte seiner Arbeit liegen in der Begleitung betrieblicher Veränderung (Prozeßmanagement), der Arbeit mit Gruppen- und Teamstrukturen, dem Konfliktmanagement und dem Coaching. Er arbeitet in einem Netzwerk hochqualifizierter Managementberater. Seine Adresse:

Michael Mary ProzeßManagement
Testorfer Straße 2
D-19246 Schadeland
Telefon/Fax 038851/80337

Roland R. Geisselhart
# Werden Sie ein Genie!
### Genietraining für alle, die sich entwickeln wollen

216 Seiten, gebunden

Das Buch vereinfacht wesentliche Inhalte aus zahlreichen Seminaren und macht sie dem Leser zugänglich. Die Übungen verdeutlichen den Zusammenhang zwischen Theorie und Praxis und persönlichem Nutzen.

**Orell Füssli**

Klaus Kobjoll
# Virtuoses Marketing

192 Seiten, gebunden

Der neue Kobjoll: spannend, witzig und leicht verständlich werden in diesem Buch strategische Planung und Marketing-Know-how unkonventionell und originell vermittelt.
Als Praxisbeispiel dient das «Landhotel Schindlerhof», ein mittelständisches Dienstleistungsunternehmen.

**Orell Füssli**